*Baudelaire
Judged by Spanish Critics
1857–1957*

Baudelaire Judged by Spanish Critics 1857-1957

William F. Aggeler

University of Georgia Press, Athens

© 1971 by the University of Georgia Press
Athens, Georgia 30602
www.ugapress.org
All rights reserved
Printed digitally in the United States of America

The Library of Congress has cataloged the
hardcover edition of this book as follows:
Library of Congress Cataloging-in-Publication Data
Aggeler, William F.
Baudelaire, judged by Spanish critics, 1857–1957
[compiled by] William F. Aggeler.
xvi, 115 p. 22 cm.
ISBN 0-8203-0275-9
English, French, or Spanish.
Bibliography: p. 106–111.
1. Baudelaire, Charles, 1821–1867—Criticism and interpretation. I. Title.
PQ2191.Z5 A6
841'.8   74-145887

Paperback reissue 2009 ISBN-13: 978-0-8203-3501-8
ISBN-10: 0-8203-3501-0

To Shirley

Contents

Foreword / viii

Introduction / ix

Chapter I: 1857–1905 / 1
Critical Extracts: 1857–1905 / 6

Chapter II: 1905–1936 / 29
Critical Extracts: 1905–1936 / 34

Chapter III: 1936–1957 / 72
Critical Extracts: 1936–1957 / 74

Conclusion / 100

Bibliography / 106

Index / 112

Foreword

In his study, *Baudelaire Judged by His Contemporaries*, Dr. William T. Bandy presents French opinion of Baudelaire from 1845, the date of his first important publication, *Le Salon de 1845*, until the poet's death in 1867. Dr. Alfred E. Carter has continued Dr. Bandy's study in *Baudelaire et la critique française*, 1868–1917. In the foreword of his book Dr. Carter points out that since there now exists a world literature on Baudelaire, a study similar to his own, on *Baudelaire à l'étranger*, would be of great interest. Such a work is obviously a task for several authors. Since the subject appealed to me I decided to undertake a small part of it, namely, Baudelaire's reputation in Spain for the century beginning in 1857, the date of the publication of the *Fleurs du mal*, until 1957. The subject is particularly interesting in that it involves the impact made upon Spain, a country whose literary traditions differ widely from those of France, by a French poet who was for many years a controversial figure even in his own country.

I wish to take this opportunity to express my thanks to the University of California for two research grants which enabled me to complete this study. I am especially indebted to Dr. William T. Bandy, who passed on to me the titles of a number of articles on Baudelaire. I am indebted to Drs. Alfred E. Carter, Antonio Rodríguez-Moñino, Luis Monguió, José Luis Varela, and C. Pérez Gállego for valuable suggestions. I am very grateful to Dr. José Simón Díaz for permitting me to examine the notes for his forthcoming book, *Los diarios madrileños en el siglo XIX*. I am grateful also to Drs. Lawrence Willson and Pablo Avila for help in reading proofs.

W.F.A.

Santa Barbara, California

Introduction

The first Spanish writer to quote the name of Charles Baudelaire was Fernán Caballero. In 1857, she published in a weekly review, *El Pensamiento de Valencia*, an article, "La Campana del rosario," devoted to the role of bells in the life of a Catholic. At the head of the article she quoted a quatrain from Baudelaire's "La Cloche fêlée" (p. 254). There is no other mention of the French poet's name. In his rendition of Poe's *Historias extraordinarias*, dated Madrid, 1859, Nicasio Landa based his preface (pp. v-xxii) to the translation on Baudelaire's preface. These two items represent the earliest evidence that Baudelaire was known in Spain. He was certainly not then well-known. Indeed there is practically no mention of him in the Madrid daily press in the nineteenth century. In the forthcoming book by Simón Díaz, *Los diarios madrileños en el siglo XIX*, Baudelaire's name appears only twice: in *La Epoca* of December 27, 1868, a news item announced the publication of his *Obras completas;* in *Los Lunes de El Imparcial* of March 9, 1896, there is a very brief article by Baudelaire, "El arte y la industria" (p. 2). However, the names of other French writers often appeared in the Spanish press: Hugo, Zola, Dumas, and Daudet most frequently and in about that order. There are feuilletons by Dumas and Daudet.

In all, there was little written about Baudelaire during the nineteenth century, and what was published appeared in the eighties and nineties. Juan Valera discussed the French poet in three articles published between 1886 and the end of the century. Clarín wrote a series of seven articles in *La Ilustración Ibérica*, between July and November 1887. A few further commentaries appeared in the last decade of the century. *La Ilustración Española y Americana* of Madrid, one of the best and most important reviews, published only five articles on Baudelaire in the fifty-two years of its existence (1869–1921). Three of them, which appeared toward the end of the century, are by Clarín. Indeed, the lack of critical interest in the poet prompted Luis Cernuda to remark: "Es curioso: la mejor poesía francesa del siglo pasado (Nerval,

Introduction

Baudelaire, Mallarmé, Rimbaud) no interesó a los modernistas y la dejan a un lado; si algunos de estos grandes nombres les acuden bajo la pluma sólo es como 'rareza' literaria" (Chap. III, No. 34).

Spanish public opinion of Baudelaire, although never completely hostile, became more favorable in the course of the hundred years covered by this study. However, it was a gradual evolution and there was no event of a decisive nature which caused a sudden change of attitude toward the French poet. Nevertheless, there are three periods which differ sufficiently to merit being treated in separate chapters: from 1857 to 1905, the date of the triumph of modernism; from 1905 to 1936, the beginning of the Spanish civil war; and from 1936 to 1957.

In the critical extracts which I have assembled I have omitted such items as announcements of new editions of Baudelaire's works when they are not accompanied by critical comments, allusions to Baudelaire, or the mere mention of his name. Such items have no value or interest for the purposes of this study. For the benefit of French readers who are unfamiliar with Spanish authors I have inserted a brief biographical sketch of each writer with my first quotation from his works unless I have already discussed him in the introduction to the chapter. There is no sketch of writers who were not important enough or not well enough known to be mentioned at least in a biographical dictionary.

I have not included Spanish American writers in this study, although a number of them lived for quite a while in Spain during the period under consideration and some wrote about Baudelaire. What they had to say is interesting but it would not be logical to include some Spanish American authors and exclude others; so I decided to limit myself to writers born in Spain. Consequently I have excluded the great Nicaraguan poet, Rubén Darío, who, although he greatly admired Baudelaire, had little to say about him. Of all the essays in *Los Raros* there is not one devoted to the French poet. I have made an exception, however, of two non-

Introduction

Spaniards, Max Nordau, a German, whose *Degeneración* (*Entartung*) had quite an influence on Spanish opinion of Baudelaire, and Théophile Gautier (1811–1872), a critic of both literature and art. He was a believer in the esthetic theory of art for art's sake. Gautier wrote poetry and novels, and excelled in both genres.

Gautier wrote the *Notice* for the *Fleurs du mal* which appeared in the 1869 (Lévy) edition of Baudelaire's *Oeuvres complètes*. The *Notice* is a splendid piece of writing, a fine critique not only of the poems but of all Baudelaire's other works. While Gautier goes so far as to quote Baudelaire's esthetic beliefs, the *Notice* is far from being a simple study of the works; it presents ideas with which its author had been concerned for thirty years; it represents a new literary theory which shocked the conservatives and delighted those who wanted something new in literature. Gautier was much better known than Baudelaire and passed for an authority on literary criticism. As a result the *Notice* had great influence on public opinion of Baudelaire. This was particularly true in Spain where Gautier's *Voyage en Espagne* (1843) and his poems, *España* (1845), had endeared him to the Spanish people. The influence of the *Notice* lasted half a century because the Lévy edition of Baudelaire's works was the only inexpensive one available until 1917, when Baudelaire's writings went into the public domain.

In addition to the *Notice* the Lévy edition contains an *Appendice* consisting of several articles and letters written in defense of the *Fleurs du mal*. Until 1887, the date of publication of Eugène Crépet's *Charles Baudelaire, Oeuvres posthumes et correspondances inédites*, the *Notice* and *Appendice* constituted the only critical instruments available for judging Baudelaire.

At this point I shall include several quotations from the *Notice* and the *Appendice* because they will enable the reader to see the source of the ideas of some Spanish critics. The *Notice* was originally published as an essay, "Charles Baudelaire," in *L'Univers illustré* in 1868. It was republished in the

Introduction

1869 Lévy edition of the *Oeuvres complètes*.[1] Those items in the *Appendice* which bear a date are dated 1857.

> *NOTICE*
> Le poète des *Fleurs du mal* aimait ce qu'on appelle improprement le style de décadence, et qui n'est autre chose que l'art arrivé à ce point de maturité extrême que déterminent à leurs soleils obliques les civilisations qui vieillissent: style ingénieux, compliqué, savant, plein de nuances et de recherches, reculant toujours les bornes de la langue, empruntant à tous les vocabulaires techniques, prenant des couleurs à toutes les palettes, des notes à tous les claviers, s'efforçant à rendre la pensée dans ce qu'elle a de plus ineffable, et la forme en ses contours les plus vagues et les plus fuyants, écoutant pour les traduire les confiances subtiles de la névrose, les aveux de la passion vieillissante qui se déprave et les hallucinations bizarres de l'idée fixe tournant à la folie. Ce style de décadence est le dernier mot du Verbe sommé de tout exprimer et poussé à l'extrême outrance. On peut rappeler, à propos de lui, la langue marbrée déjà des verdeurs de la décomposition et comme faisandée du bas-empire romain et les raffinements compliqués de l'école byzantine, dernière forme de l'art grec tombé en déliquesence; mais tel est l'idiome nécessaire et fatal des peuples et des civilisations où la vie factice a remplacé la vie naturelle et développée chez l'homme des besoins inconnus.... Ce style... exprime des idées neuves avec des formes nouvelles et des mots qu'on n'a pas entendus encore. A l'encontre du style classique, il admet l'ombre et dans cette ombre se meuvent confusément les larves des superstitions, les fantômes hagards de l'insomnie, les terreurs nocturnes, les remords qui tressaillent et se retournent au moindre bruit, les rêves monstrueux qu'arrête seule l'impuissance, les fantaisies

---

1. Page numbers in quotations refer to Paris 1888 printing.

Introduction

obscures dont le jour s'étonnerait et tout ce que l'âme, au fond de sa plus profonde et dernière caverne, recèle de ténébreux, de difforme et de vaguement horrible (16–17*).... [Baudelaire aimait surtout] *l'artificiel*. Il ne cachait pas, d'ailleurs cette prédilection. Il se plaisait dans cette espèce de beau composite et parfois un peu factice qu'élaborent les civilisations très avancées ou très corrompues.... Tout ce qui éloignait l'homme et surtout la femme de l'état de nature lui paraissait une invention heureuse. Ces goûts peu primitifs s'expliquent d'eux-mêmes et doivent se comprendre chez un poète de *décadence* auteur des *Fleurs du mal*.... Ce goût excessif, baroque, anti-naturel, presque toujours contraire au beau classique, était pour lui un signe de la volonté humaine corrigeant à son gré les formes et les couleurs fournies par la matière. Là où le philosophe ne trouve qu'un texte à déclamation, il voyait une preuve de grandeur. La *dépravation*... l'écart du type normal, est impossible à la bête, fatalement conduite par l'instinct immuable. C'est par la même raison que les poètes *inspirés*, n'ayant pas la conscience et la direction de leur oeuvre, lui causaient une sorte d'aversion, et qu'il voulait introduire l'art et le travail même dans l'originalité (26–27).... [Les] *Fleurs du mal*, un bouquet ne ressemblant en rien aux innocentes gerbes poétiques de débutants. L'attention de la justice s'émut, et quelques pièces d'une immoralité si savante, si abstruse, si envelopée de formes et de voiles d'art, qu'elles exigeaient, pour être comprises des lecteurs, une haute culture littéraire, durent être retranchées du volume et remplacées par d'autres d'une excentricité moins dangereuse (28).... Sans doute Baudelaire, dans ce livre consacré à la peinture des dépravations et des perversités modernes, a encadré des tableaux répugnants, où le vice mis à nu se vautre dans

---

* The numbers in parentheses within and at the end of the critical extracts refer to pages in the source indicated.

Introduction

toute la laideur de sa honte; mais le poète, avec un suprême dégoût, une indignation méprisante et une récurrence vers l'idéal qui manque souvent chez les satiriques, stigmatise et marque d'un fer rouge indélébile ces chairs malsaines.... Ces pièces qu'on a taxées d'immorales, comme si la flagellation du vice était le vice même (31).... Il convient de citer comme note particulière du poète le sentiment de *l'artificiel*. Par ce mot, il faut entendre une création due tout entière à l'Art et d'où la nature est complètement absente (39).

APPENDICE
1857, 24 juillet, J. Barbey D'Aurevilly
La poésie de M. Baudelaire, cette poésie sinistre et violente, déchirante et meurtrière dont rien n'approche dans les plus noirs ouvrages de ce temps qui se sent mourir. Cela est dans sa férocité intime, d'un ton inconnu en littérature.... Dans le livre de M. Baudelaire, chaque poésie a, de plus que la réussite des détails ou la fortune de la pensée, *une valeur très importante d'ensemble et de situation* qu'il ne faut pas lui faire perdre en la détachant.... Les *Fleurs du mal*... sont moins des poésies qu'une oeuvre poétique de la plus forte unité.... Au point de vue de l'art et de la sensation esthétique, elles perdraient donc beaucoup à n'être pas lues dans l'ordre où le poète, qui sait ce qu'il fait, les a rangées (373–375).

Charles Asselineau
Les *Fleurs du mal!* les voici: c'est le spleen, la mélancolie impuissante, c'est l'esprit de révolte, c'est le vice, c'est la sensualité, c'est l'hypocrisie, c'est la lâcheté. Or n'est-il pas vrai que souvent nos vertus mêmes naissent de leurs contraires? que notre courage naît du découragement, notre énergie de la faiblesse, notre sobriété de l'intempérance, notre foi de l'incrédulité? Aurions-nous la

prétention de valoir mieux que ne valaient nos pères? (392-393).

1857, Ce 20..., Lettre de M. Sainte-Beuve
Vous êtes vous aussi, de ceux qui cherchent de la poésie partout; et comme, avant vous, d'autres l'avaient cherchée dans des régions tout ouvertes et toutes différentes; comme on vous avait laissé peu d'espace; comme les champs terrestres et célestes étaient à peu près tous moissonnés, et que, depuis trente ans et plus, les lyriques, sous toutes les formes, sont à l'oeuvre—venu si tard et dernier, vous vous êtes dit—j'imagine: "*Eh bien,* j'en trouverai encore de la poésie, et j'en trouverai là où nul ne s'etait avisé de la cueillir et de l'exprimer." Et vous avez voulu arracher leurs secrets aux démons de la nuit. En faisant cela avec subtilité, avec raffinement, avec un talent curieux et un abandon quasi *précieux* d'expression, en *perlant* le détail, en *pétrarquisant* sur l'horrible, vous avez l'air de vous être joué; vous avez pourtant souffert, vous vous êtes rongé à promener vos ennuis, vos cauchemars, vos tortures morales; vous avez dû beaucoup souffrir, mon cher enfant. Cette tristesse particulière qui ressort de vos pages et où je reconnais le dernier symptôme d'une génération malade, dont les aînés nous sont très connus, est aussi ce qui vous sera compté (395-396).

Lettre de M. le marquis A. de Custine
On plaint l'époque où un esprit et un talent d'un ordre si élevé en sont réduits à se complaire dans la contemplation de choses qu'il vaudrait mieux oublier qu'immortaliser. Vous voyez, monsieur, que je ne sùis point un réaliste,[1] et que je ne comprends le créateur dans l'art que comme un éclectique dans la nature. (1 Note de Baudelaire datée le 16 août 1857: Ni moi non plus...) (399-400)

Introduction

Both the *Notice* and the *Appendice* were written and published for the purpose of defending Baudelaire against attacks that had been or could be made upon him: but at the same time the poet's friends did him a disservice because they provided hostile critics with material to use in attacking him. Moreover, such critics could support their arguments by invoking the very considerable prestige of such writers as Gautier and Sainte-Beuve.

Chapter I: 1857-1905

The second half of the nineteenth century was a period of political turbulence in Spain. It was marked by the revolution of 1868, the second Carlist war (1872–76), and ended with the disaster of 1898. During the years of the parliamentary monarchy (1874–1923) Spanish policies alternated between conservatism and liberalism, depending on which party was in power. These historical events, particularly the loss of the last remnants of the old Spanish empire, had great influence on the literature of the time.

By the middle of the nineteenth century, romanticism had ended as a literary movement. In the novel it gave way to realism, which reached the fullness of its development in the 1880s. In lyric poetry, with the exception of a few straggling romanticists, romanticism was followed by a poetry of transition which contained many of the elements of romanticism, but which was characterized by a finer sentimentality and in some instances by scepticism and irony.

The evolution of Spanish literature during the second half of the century was inspired by a new manner of thinking, a new artistic consciousness. There was a desire, above all in the last years of the century, for an artistic renaissance. This desire was manifested in two converging currents of thought, one represented by the Generation of '98 and the other by the Modernists. The movements had common bonds; both had their roots in the general anxiety about the future of Spain and in the desire for an artistic and spiritual rebirth. It is not easy to separate clearly the two movements; the differences are of degree rather than of kind.

The Generation of '98 was more concerned with the future of Spain and with criticizing its past, with the problems of the individual man and the betterment of humanity. The members of this movement had an austere didactic concept of art. Basically the current of thought represented by the Generation of '98 was ethical in character. On the other hand, the Modernists were more concerned with the renovation of art. In poetry they were more interested in form and vocabulary than in subject matter. Their chief

Chapter I: 1857–1905

concern was esthetic. The combined efforts of both movements culminated in the renovation of Spanish poetry at the end of the century.

In their search for ways to renovate their own poetry, Spaniards studied the poetry of other countries, particularly that of France. They became familiar with a considerable number of French poets but were influenced most by Verlaine and Baudelaire. Of the two, Verlaine was admired more, probably because he was easier to understand, but Baudelaire was considered by many to be a great poet.

In forming their opinions of Baudelaire as a poet, Spanish critics were undoubtedly influenced by the *Notice* and *Appendice* in the Lévy edition of the *Fleurs du mal* (Nos. 1, 6, 14, 33, Chap. II, No. 20) since they had read the poems in that text. Another factor which played a role in molding their opinions was their preoccupation with ethical values in judging literary works. In Baudelaire's case this was extremely important. Today, in the light of the vast amount of critical writing about him, one views his blasphemies, his satanism, his paradoxes, and the many anecdotes of the Baudelairean legend far differently than the Spaniards did in the last century. They took all of that very seriously and some were genuinely shocked by it. As a result there was a tendency among some critics to judge Baudelaire very unfairly in the light of a few poems without considering that the *Fleurs du mal* was a complete work with a definite architecture. However, in spite of all these considerations there were some critics who believed that, if the *Fleurs du mal* was not great poetry, it was at least beautiful.

During the second half of the nineteenth century most critical writing on Baudelaire was done by two writers who held widely divergent views about him and his works, Juan Valera and Leopoldo Alas (Clarín). Both wielded great influence on public opinion.

Juan Valera (1824–1905) was one of Spain's outstanding writers of the nineteenth century. He is best known as a novelist and it is probably because of his novels that his name will survive. But he was also a noted critic; indeed the Spaniards considered him the supreme authority in the field of literary criticism during his lifetime.

Valera was well qualified to judge literary works. He had an unusually broad cultural background, a knowledge of many literatures—Greek, Latin, Italian, Portuguese, German, English, French, and Spanish. An accomplished linguist, he read all of these languages in the original. He was a master of his own language—his style is classically pure and is considered the model of modern Castilian.

Valera's esthetic beliefs have been clearly and concisely set forth by Edith Fishtine in her study, *Don Juan Valera, the Critic*. She shows that Valera believed that the function of art is to delight (30) and that the artist "may not above all, depress the reader with pessimistic tendencies, the use of decadent themes, or the portrayal of ugly reality." (34)

Such esthetic principles explain Valera's preference for the literatures of classical Greece and the Renaissance; medieval and modern literatures were not to his taste. Naturalism he considered neither science nor art. He had a particular antipathy for France, partly because he was a nineteenth century Spaniard and partly because he resented the prestige of French literature. In view of all these factors it is not surprising that he criticized the *Fleurs du mal* severely.

The first impression that one receives on reading Valera's comments on the poems is that he is attacking them on moral or religious grounds. But as we have just seen, the real reason was his belief that the artist should not depress the reader with "the portrayal of ugly reality." Indeed as far as the morality of the *Fleurs du mal* is concerned, Valera conceded that it has a moral influence. "*Las flores del mal* son, pues, muy moralizadoras: son un veneno, pero saludable veneno tomado como revulsivo" (see No. 25).

Valera's harsh, unfavorable criticism of the poems indicates that he must have detested their author. He seems to go out of his way to vilify Baudelaire and at times he is not overly careful about the accuracy of what he attributes to the

Chapter I: 1857–1905

French poet. The tone of his comments on the *Fleurs du mal* is not typical of Valera's criticism. Ordinarily he is urbane, indulgent, and perhaps too undiscriminating. These qualities make him a much less effective critic than Leopoldo Alas.

Leopoldo Alas (1852–1901), who wrote under the *nom de plume* Clarín, was a professor of law at the University of Oviedo and one of the great literary masters of his time. He distinguished himself as a short story writer, novelist, and critic. His masterpiece, a two-volume novel, *La Regenta* (1884–85), follows the French naturalistic formula. It is another version of the theme of Flaubert's *Madame Bovary*.

As a student at the University of Madrid Clarín was taught by Julian Sanz del Río and his successor, Nicolás Salmerón, both Krausists. Krausism represented an effort to combine a pantheistic world view with the theistic conception of divine personality. Although Alas did not affiliate himself with this philosophical belief, it left a profound impression on his ideology and sensibility. Other German philosophers of the nineteenth century also influenced him. However, he was fundamentally conservative and Catholic. He had a very broad cultural background, which accounts to some extent for his success in the field in which he achieved his greatest fame—literary criticism.

Clarín's career as a critic began before he became a professor of law in 1882. Most of his articles appeared between 1879 and 1898. His esthetic doctrines are more tolerant and flexible than those of Valera. He believed that criticism should be objective and also free of dogmatism and he maintained that to judge a poet fairly, a critic must be capable of self-abnegation, of effacing his own personality in order to infiltrate himself into the soul of the poet. "Sí me atrevo a sostener que en poesía no hay crítico verdadero, sino es capaz de ese acto de abnegación que consiste en prescindir de sí mismo, en procurar, hasta donde quepa, *infiltrarse* en el alma del poeta, *ponerse en su lugar*. Sólo así se le puede entender del todo y juzgar con justicia verdadera" (see No. 5). Finally, critics should not be influenced by the social implications of a poet's affirmations, nor by his conduct. Such considerations do not belong in the domain of literary criticism. "Como puede ver cualquiera, todos estos críticos que se salen del libro para penetrar las intenciones del autor, sus probables flaquezas, y para estudiar las consecuencias sociales y morales de sus afirmaciones o de su ejemplo, ya las defiendan, ya las ataquen, dejan a un lado la cuestión puramente crítica" (See No. 6).

Clarín was fearless as a critic and spared no one, regardless of popularity or position. He was original, independent, and severe, but he was also sarcastic and indulged in personalities. Nevertheless, he did not withhold praise when it was deserved. Clarín's criticism earned him numerous enemies but even more admirers, particularly among young men.

Critical Extracts: 1857-1905

(1) 1886–87, Juan Valera, "Apuntes sobre el nuevo arte de escribir novelas," *Obras completas*,[1] II (Madrid, Aguilar, 1949).

Dicen que Baudelaire, ya en los últimos años de su vida, trazó el plan de un drama o novela, *El criminal dichoso*, que es lástima dejase de escribir, pues con él hubiera acabado de aterrar a los burgueses. El héroe, desechando ridículas preocupaciones y temores y escrúpulos, debía cometer con éxito brillante todas las atrocidades más inauditas: matar a su padre, violar a su madre y a su hermana, deshonrar a su hermano y vender a su patria. Todo ello lo había de ejecutar con tal destreza que, además de mucho placer, había de proporcionarle la estimación pública y cuantiosos bienes de fortuna con lo cual, retirado en deliciosa quinta, en el país más bello y en el clima más benigno, había de vivir en perpetuo idilio, sin nada más que desear. Difícil es que nadie sea más cínico y atrozmente paradójico que Baudelaire[2] (680)....

1. Hereafter abbreviated to O.C.
2. Valera began the foregoing passage with "dicen," which would indicate that he did not necessarily believe that what he reported was true. There is no such outline of a drama or novel to be found anywhere in the works of Baudelaire. It is probable that Valera's report is an anecdote in *Baudelairiana*, the legend of Baudelaire. In *Figaro* on June 15, 1865, there appeared the following note signed "LÉGION": "Ch. B**, le poète, écoeuré par les dénoûments anodins de la plupart de nos romanciers en vitrine, se propose de finir un long ouvrage immoral, qu'il est en train de faire, par cet alinéa: 'Et sous les arbres qu'il avait plantés, entourés d'enfants qui jouaient avec ses cheveux blancs, l'honnête homme jouissait en paix du fruit de tous ses crimes.'" This anecdote was no doubt bandied about in the literary world for several years. Shortly after Valera's death another version appeared in "Baudelaire-Recueil d'anecdotes" by Charles Asselineau, a part of the biographical study of E. et J. Crépet, *Charles Baudelaire* (Paris, A. Messein, 1906): "La meilleure critique des *Misérables* a été faite par Baudelaire. 'Ah! disait-il en colère, qu'est-ce que c'est que ces criminels sentimentals, qui ont des remords pour des pièces de quarante sous, qui discutent avec leur conscience pendant des heures, et fondent des prix de vertu? Est-ce que ces gens-là

El poeta ultrasatánico, aunque no cree en Dios, hace como que cree en el demonio, el cual le posee y le somete a irresistibles tentaciones y le hace pecar, y luego le atormenta con el remordimiento porque ha pecado. "Nosotros—dice Baudelaire—alimentamos los remordimientos como los mendigos la lacería: el demonio evapora nuestra voluntad. Ni para lo malo tenemos brío. El que no envenena, viola, asesina o incendia, es porque es un cobarde. Si tuviese valor, asesinaría, incendiaría, violaría y envenenaría. Y sobre todas estas pasiones infernales, que nos dominan, está el fastidio, que, para distraerse, haría añicos la Tierra, si pudiese, y se tragaría el Universo de un bostezo." La verdad es que trescientas páginas de versos, llenos de tales maldiciones, no se pueden aguantar, si el autor no tiene un maravilloso talento de estilista y de versificador para hacer variaciones y gorgoritos diversos sobre tan absurdo y sucio tema. Carlos Baudelaire y sus *Flores del mal* son una faceta estrambótica que nadie que esté en su cabal juicio puede mirar con seriedad. Sainte-Beuve, si bien velando su fallo en mil extremos de cortesía, no piensa de las *Flores del mal* sino lo que pensamos nosotros. A Baudelaire se le figuró que los campos de la Tierra y del Cielo estaban ya segados y esquilmados, y que un poeta lírico nada nuevo recogería haciendo la rebusca en ellos. Entonces dijo Baudelaire: "Pues bien: yo hallaré aún poesía y la hallaré donde a nadie se le ocurrió jamás ir a recogerla y a expresarla." Y en seguida añade Sainte-Beuve, en carta que escribió al poeta: "Usted se fué al infierno y se hizo diablo. Al realizar esto con refinamiento, con sutileza, con un estilo pasado por alquitara, esmaltando los pormenores y *petrarquizando* lo horrible,

raisonnent comme les autres hommes? J'en ferai, moi, un roman où je mettrai en scène un scélérat, mais un vrai scélérat, assassin, voleur, incendiaire et corsaire, et qui finira par cette phrase: 'Et sous ces ombrages qui j'ai plantés, entourés d'une famille qui me vénère, d'enfants qui me chérissent et d'une femme qui m'adore— *je jouis en paix* du fruit de tous mes crimes!'" (300)

se diría que se burla usted de nosotros; pero usted mismo ha padecido y se ha destrozado, haciendo gala de su aburrimiento, de sus pesadillas y de sus tormentos morales." Las *Flores del mal* son para Sainte-Beuve *el último síntoma de una generación enfermiza.* Y en verdad que son el último síntoma: no se puede ir más allá. Mauricio Rollinat que ha venido después, con todos sus *Abismos* y con todas sus *Neurosis,* se queda corto; parece un pigmeo. Las *Flores del mal* son el más lindo Devocionario de Satanás que puede escribirse. La Plegaria y las Letanías dirigidas a dicho personaje son chistosísimas. En estas Letanías y en esta Plegaria se descubre ya algo de una nueva religión. Acaso el Padre Eterno, que nos arrojó del Paraíso y que no hace más que tiranizarnos, sea al fin vencido por Satanás, quien medita silencioso en el infierno, a la sombra del árbol de la ciencia. Y cuando venza Satanás, que es nuestro padre adoptivo, todo irá bien y acabarán nuestros lamentos y nuestra larga miseria. Si es lícito examinar estas cosas con cierta formalidad y darles interpretación que tenga visos de razonable, o Baudelaire era un hombre muy amante de la virtud, aunque extraviado, y que se queja con enrevesada ironía, o su Dios no es más que todo un conjunto de obstáculos tradicionales, que se opone al progreso, y su Satanás es el espíritu del hombre que ha de realizar al fin el Bien, triunfando de ese conjunto de obstáculos. Este último es el sentido que yo me inclino a dar a la poesía de Baudelaire, si bien el poeta siente a veces desfallecimientos y eclipses en la luz de su fe en el diablo, se desespera y rabia por demás, y no cuenta entre los ateos y los irreligiosos esperanzados y de buen humor, como el coronel Ingersoll, en los Estados Unidos, y no pocos sabios positivistas entre los franceses (707).

(2) 1887, 2 de abril, Juan Valera, "Carta a Pedro Antonio de Alarcón," o.c., II (Madrid, Aguilar, 1949).

1887, 23 de julio, Clarín

La *blogue* [*sic*] triste, la *pose* pesada, de Baudelaire, no se da entre nosotros. ¿Iremos a tomar por lo serio esta *blague* y esta *pose?* (621).

(3) 1887, 23 de julio, Clarín, "Baudelaire," *La Ilustración Ibérica*, Barcelona. [First of a series of seven articles published in this review. They were republished as a chapter of *Mezclilla* (Madrid, Fernando Fe, 1889), and in *Epistolario* de Menéndez y Pelayo a Clarín (Madrid, Escorial, 1941–43).]

Hace pocos días publicaba[3] la *Revue des Deux Mondes* [June 1st, 1887] un artículo de uno de sus críticos de guardia M. Brunetière, con el exclusivo y poco cristiano propósito de arrojar cieno y más cieno sobre la memoria de un poeta que ha influído mucho en la actual literatura francesa, y que tiene multitud de sectarios y hasta podría decirse de adoradores. La diatriba, pues tal era, del crítico francés me hizo sentir ese especial disgusto que causa en el alma de quien seriamente ama el arte la injusticia de un censor que no se ceba en la fama de un poeta á quien se deben momentos de solaz, ó alguna visión nueva de lo bello, ó sugestiones para ideas ó sentimientos, ó cambios fecundos del ánimo... [Brunetière] combate á Carlos Baudelaire principalmente por su inspiración diabólica, por sus famosas *Flores del mal*.... Llega á decir del poeta que es un pobre diablo que ha escrito muy[4] pocos versos regulares y que no ha dejado nada nuevo á no ser una pintura exacta de las emociones que despierta el sentido del olfato, el menos espiritual de los sentidos.... Yo no tengo á Baudelaire por un poeta de primer orden; ni su estilo, ni sus ideas, ni la estructura de sus versos siquiera me son simpáticos, en el sentido exacto de la palabra, pero veo su mérito,[5]

3. In *Mezclilla*, publicó.
4. Ibid., muy omitted.
5. Ibid., sus méritos.

reconozco los títulos que puede alegar para defender el puesto que ha conquistado en el Parnaso moderno francés y sólo por esto me decido á escribir, con ocasión del artículo de Brunetière, estas impresiones de una segunda lectura de las *Flores del mal* (471, 474).

(4) 1887, 13 de agosto, Clarín, "Baudelaire," *La Ilustración Ibérica*, Barcelona.

Después de haber leído por segunda vez las *Flores del mal*, me parece imposible que un hombre de seso y de buena fe diga que allí no hay más que vulgaridades. Al leer ese libro me proponía no sólo estudiar la obra de Baudelaire sino penetrar los motivos que con ocasión de esta[6] obra pudo tener Brunetière para decir lo que dijo; he ido buscando las huellas de la vulgaridad, de la petulancia, de los cien defectos que el crítico ha ido señalando, y este propósito mío me hizo ver la gran injusticia que había en leer así á un hombre como Baudelaire. Leyéndole con esa intención, con esa prevención retórica, fría, maligna, no se le puede entender siquiera; entender, digo, así, al pie de la letra, no ya penetrar todo su sentido y sentimiento, que para eso se necesita mucho más. Es más,[7] hay versos en las *Flores del mal*, en que parece que el autor adivina á esa clase de lectores secos, ciegos y sordos, para el caso verdaderos idiotas; más de una vez se vuelve contra ellos, ora displicente, ora melancólico, ya airado, ya compasivo (518–519).

(5) 1887, 17 de septiembre, Clarín, "Baudelaire," *La Ilustración Ibérica*, Barcelona.

Ví pronto que no podría juzgar con imparcialidad á Baudelaire, si cerraba ojos y oídos á las señales secretas que en sus versos gritan y hacen gestos para que pueda

---

6. Ibid., esa.
7. Ibid., Es más omitted.

comprendérsele. Así, pues, preferí seguir el camino de esa que antes llamaba crítica sujestiva,[8] sin pretender, por supuesto, acercarme á ella en sus excelencias activas, pero sí en la facultad de sentir y admirar, en el prurito de querer ver todo lo que había en las misteriosas *Flores del mal*.... Sí me atrevo á sostener que en poesía no hay crítico verdadero, si no es capaz de ese acto de abnegación que consiste en prescindir de sí mismo, en procurar, hasta donde quepa, infiltrarse en el alma del poeta, ponerse en su lugar. Sólo así se le puede entender del todo y juzgar con justicia verdadera (602).

(6) 1887, 24 de septiembre, Clarín, "Baudelaire," *La Ilustración Ibérica*, Barcelona.
Cuando apareció [*Las flores del mal*] se le tuvo por más *satánico* que es; hoy la impresión general de un lector atento, despreocupado y *nuevo* será que.... Baudelaire no debe parecer tan espantoso á los timoratos ni tan sublime á los que admiran en él lo que llaman algunos estéticos, como Vischer, *el sublime de la mala voluntad*. ... Pero, pasando tiempo, cuando ya nadie se acuerde de la persecución ni de la apoteosis, *Las flores del mal* quedarán á la altura que deben estar, entre los buenos libros de la verdadera poesía francesa de este siglo, como obra de arte en que se pueden admirar mucho[9] primores. Acompañan á la edición definitiva de *Las flores del mal* á más de una larga *Noticia* de Teófilo Gautier, tan interesante, variada y pintoresca como desconocida é incompleta, varias cartas y artículos dedicados al libro cuyo apéndice forman.... El artículo de Asselineau es el más largo, el más importante el de Barbey d'Aurevilly que... pinta el ingenio y el carácter de Baudelaire... [D'Aurevilly] es también el que más exagera, y dando al libro una trascendencia moral... contribuye... no

8. Ibid., sugetiva.
9. Ibid., muchos.

poco á dislocar la cuestión crítica.... Es claro que la carta de Sainte-Beuve tiene más miga que toda la demás prosa que acompaña al libro; aquí se nota ya ese *justo medio* de admiración, que es lo que conviene á Baudelaire, pero aún el perspicaz y algo ladino autor de *Volupté* habla más del alcance moral de estas poesías que de su valor intrínseco de obras de arte. En general, la crítica, antes y ahora, no ha hecho casi más, respecto de este libro que fué piedra de escándalo, que estudiar su trascendencia ya con relación á la sociedad, ya con relación al alma del autor.... Y uno de los aspectos *extratécnicos* que con más insistencia se ha tratado es el de la porción de sinceridad que habrá ó no habrá en las *Flores del mal;* aun hace pocos días que incidentalmente un ilustre escritor español, espejo de críticos, el gran[10] Valera, hablaba con burla y tedio de la *pose de Baudelaire* (see No. 2). Y ya está soltada la palabra; la *pose,* es decir, la afectación, la comedia, una postura rebuscada para hacerse interesante; esto es lo que más se le echa en rostro. Como puede ver cualquiera, todos estos críticos que se salen del libro para penetrar las intenciones del autor, sus probables flaquezas, y para estudiar las consecuencias sociales y morales de sus afirmaciones ó de su *ejemplo,* ya las defiendan, ya las ataquen, dejan á un lado la cuestión propiamente crítica.... Para Baudelaire no era la poesía expresión inmediata y fiel del estado del alma, porque esto no era arte, según él; no había aquí la creación singular en que consiste la invención poética; muchos dicen que el gran poeta expresa su gran pasión, y Baudelaire negaba esto. ... Claramente se ve... que poeta semejante no se retrata en sus versos tal como es, porque esto repugna á sus ideas de artista; dará de sí mismo aquello que sirve para el elemento ideal, puramente poético, no la pasión familiar, en toda su rudeza de verdad psicológica y

---

10. Ibid., ilustre.

fisiológica, que él cree ajena á la vida poético-literaria.... Hay injusticia en considerar al autor de *Las flores del mal* como un *poseur*, que quiere hacernos creer que padece lo que no padece. No, él no tiene interés en engañarnos; es absurdo ir á pedirle cuentas de sus acciones con relatión á sus versos (622).

(7) 1887, 22 de octubre, Clarín, "Baudelaire," *La Ilustración Ibérica*, Barcelona.

Se puede decir de Baudelaire que, aún admitiendo que sea el poeta *satánico* por excelencia, no huelen mucho sus *Flores del mal* á azufre.... Débese esto á que es el tal *satanismo* más psicológico que físico.... No es difícil descubrir en estas poesías cortas y de apariencia plástica el predominio del elemento psicológico.... Baudelaire, puede decirse, siempre escribe para el alma, y para el alma espiritual, distinta del cuerpo y hasta separada de la materia por sublimes, misteriosos abismos (679).... De Baudelaire se puede asegurar que respecto de la esencia de su poesía, es metafísico, idealista.... Tan poco nueva y tan poco retorcida y alambicada es en lo esencial la poesía de las *Flores del mal*, que si hubiéramos de resumir en dos palabras más gráficas que exactas, la índole de este poeta podríamos decir: Baudelaire es cuasi[11] maniqueo (682–683).

(8) 1887, 5 de noviembre, Clarín, "Baudelaire," *La Ilustración Ibérica*, Barcelona.

Es claro que para Baudelaire es el diablo símbolo nada más, pero en el fondo la cuestión es la misma que si creyera en su valor real, histórico; no habrá demonio ni infierno; pero hay un mal prepotente, con cualidades divinas; ubicuo, eterno, que lo llena todo, que se extiende por el infinito espacio y desciende á ocupar el fondo

---

11. Ibid., casi.

más recóndito de las almas; llamándose, allí donde están las raíces de la vida consciente, remordimiento. Esto cree Baudelaire y esto siente (al menos el Baudelaire poeta, el sujeto supuesto, artístico, de sus poesías) y de aquí nace la seriedad de las *Flores del mal*, su valor real y profundo.... Sería absurdo calificarle de frívolo *poseur* ó confundirle con los poetas indiferentistas (711).

(9) 1887, 26 de noviembre, Clarín, "Baudelaire," *La Ilustración Ibérica*, Barcelona.

Después de leer las *Flores del mal* cualquier hombre de regular sentido y de buena fe declara que ha estado comunicando poéticamente con un espíritu elevado, con una consciencia de las escogidas.... Hay que ver en él aquel dolor cierto de una convicción[12] educada en su espiritualismo cristiano y metida en un cuerpo que es un pólipo de sensualidad.... Diré, en fin, por vía de resumen: Baudelaire no es tanto como ha[13] querido Gauss,[14] pero es mucho más de lo que dice Brunetière. No es el primer simbolista, sino un poeta original cuyo temperamento produjo una poesía nerviosa, vibrada, lacónica, plástica, pero no alucinada, ni materialista, ni indiferente. En la forma, lo que parece característico es la aspiración á lo correcto, sencillo; la línea pura en breve espacio, todo lo contrario del desorden pindárico y de la elocuencia lírica. En el alma de este poesía de las *Flores del mal*, lo que resalta es el contraste de un espíritu cristiano, por lo menos idealista, con un sensualismo apasionado, sutil y un tanto enfermizo, que vive entre *metafísicas*, por decirlo así, y que representa todo lo contrario de la pacífica voluptuosidad poética de Horacio, dentro de la sensualidad misma. La agudeza

12 Ibid., alma.
13 Ibid., han.
14 Ibid., algunos.

nerviosa de sentido y de entendimiento de Baudelaire habrá podido ser incentivo y sugestión para que apareciesen las alucinaciones simbolistas; pero no hay que confundir las *Flores del mal* con las *flores* de trapo que algunos nos quieren hacer tomar por el colmo del arte de los jardines poéticos (762-763).

(10) 1887, Clarín, *Apolo en Pafos* (Madrid, Fernando Fe).

[Clarín habla con la musa Erato]: "¿Ves ese pesimismo, ese trascendentalismo naturalista, ese orientalismo panteístico ó nihilista, todo lo que antes recordabas tú como contrario á tus aspiraciones, pero reconociendo que eran fuentes de poesía á su modo? Pues todo ello lo diera yo por bien venido á España, á reserva de no tomarle para mí, personalmente, y con gusto vería aquí extravíos de un Richepin, *satanismos* de un Baudelaire, *preciosismos* psicológicos de un Bourget, *quietismos* de un Amiel y hasta le procesión caótica de simbolistas y decadentes; porque en todo eso, entre cien errores, amaneramientos y extravíos, hay vida, fuerza, cierta sinceridad, y sobre todo un pensamiento siempre alerta" (85).

(11) 1888, 15 de abril, Clarín, "Pepueños poemas en prosa," *La Ilustración Española y Americana.*

Pido perdón, al comenzar, a cuantos poetas crean profanado el coto redondo de las musas con este atrevimiento de escribir poemas pequeños sin metro ni rima. Mas otros antes que yo lo han osado, y, bajo el mismo título que empleo, produjo maravillas en prosa el poeta de *Las Flores del mal* (246).

(12) 1888, Clarín, *Mis plagios* (Madrid, Fernando Fe).

¿Cuántos españoles habremos leído entero á Leconte de Lisle y todo el *Baudelaire?* Pocos (96).

(13) 1891, Juan Valera, "Disonancia y armonías de la moral y la estética," Carta al señor don Salvador Rueda, O.C., II (Madrid, Aguilar, 1949).

Yo comprendo a Baudelaire, y en cierto modo le admiro, aunque me disgusta. En su inspiración depravada, sombría y terrible, hay algo de verdad, aunque exagerada por la farsa tenaz que él mismo se impuso para ser más original, para asustar al linaje humano y para contristar y meter en un puño el corazón de cada burgués honrado y sencillote, en cuyas manos cayesen sus *Flores del mal*.... Desde entonces, acaso desde antes, no se puede hablar seriamente del Amor, trayéndole a la Tierra, prohibiéndole su Cielo y arrancándole la vestidura. Cuando esto se hace, resulta el sacrilegio que no se motiva ni funda bien, a no seguir el poeta las huellas de Baudelaire y entregarse al diablo (844).... Los poetas crapulosos, como Baudelaire y Rollinat, se hartan y se hastían de sus goces; sienten aspiraciones infinitas, hundidos ya en el fango, y después de haber renegado de Dios; y aquí te quiero escopeta. Cada uno de ellos parece un energúmeno. Sus versos son pesadillas de un ascetismo bastardo y sin esperanza. Obsesos por el demonio del remordimiento y por otros demonios más feos y tiznados, rompen en maldiciones y blasfemias inauditas. Ya nos aseguran que no hay crimen que no sean capaces de perpetrar, ya se encomiendan devotamente a Lucifer, ya aseguran que quieren imitar a Cristo, si bien suponiendo que lo que Cristo prescribe y recomienda con el ejemplo es que nos matemos. La muerte es la única redención posible. Además, ellos entienden que deben matarse en castigo de sus culpas.... Las visiones de Baudelaire y de Rollinat espeluznan y descomponen el estómago; dan horror y asco; es menester ser valientes y robustos para resistirlas sin vomitar o sin caer desmayado. Los suplicios más feroces que ve Dante en su *Infierno*, las abominaciones y espantos de los más ascéticos libros cristianos, como *Gritos del infierno, Estragos de la lujuria,* y otros así, son niñerías y amenidades, si se comparan con lo que Carlos Baudelaire refiere cuando él mismo se ve ahorcado, podrido y hediondo, entre una nube de murciélagos y de grajos que le sacan los ojos a mordiscos y picotazos y se le comen por do más pecado había (846). [The concluding lines of the quotation just given, beginning with the word, "cuando," are a summary of a part of Baudelaire's poem, "Un Voyage à Cythère." But the summary contains inaccuracies, as one can readily see by comparing it with the original French.

> De féroces oiseaux perchés sur leur pâture
> Détruisaient avec rage un pendu déjà mûr,...
>
> Et ses bourreaux, gorgés de hideuses délices,
> L'avaient à coups de bec absolument châtré.[15]

It is probable that Valera did not have the text of "Un Voyage à Cythère" before him and was relying on his memory.]

(14) 1893, Max Nordau, *Entartung,* Berlin, 1893
[Widely known as a doctor and a writer, Max Simon Nordau (1849–1923), whose real name was Max Simon Südfeld, was an Austrian doctor and man of letters who had exceptional talent as a dialectician. His books were translated into several languages.]
[Spanish translation: *Degeneración,* by Nicolás Salmerón y García (Madrid, Fernando Fe, 1902), from which the following extracts were taken.]

Si se exagera el culto de la forma de Teófilo Gautier y su lubricidad, y si á su indiferencia hacia el mundo y los hombres se asocia la aberración que la hace degenerar en predilección por el mal y lo repugnante, se tiene enfrente de uno la figura de Baudelaire. Tenemos que detenernos

---

15. *Les Fleurs du mal.* Paris: José Corti, 1942, pp. 141–142.

en su examen, dado que Baudelaire es, aún más que Gautier, el jefe intelectual y el modelo de los parnasianos, y su influencia domina de una manera omnipotente sobre una parte de la generación actual de los poetas y escritores franceses, y también de los poetas y escritores ingleses. No es necesario demostrar prolijamente que Baudelaire era un degenerado. Ha muerto de parálisis general, después de haberse revolcado durante largos meses en los grados más abyectos de la demencia. Pero aun cuando un fin tan terrible no hubiese puesto el diagnóstico al abrigo de todo ataque, no por eso hubiera sido dudoso, habiendo acusado Baudelaire durante toda su vida todos los estigmas intelectuales de la degeneración. Era á la vez místico y erotómano, tomaba haschich y opio, se sentía atraído de una manera característica hacia los demás degenerados, dementes ó depravados, y apreciaba, por ejemplo, en el más alto grado entre los escritores al ricamente dotado pero demente Edgardo Poë, y al aficionado al opio Tomás de Quincey.... La recopilación [de las poesías de Baudelaire] no es completa; faltan algunas poesías que sólo circulan en manuscrito, porque son demasiado infames para soportar la plena publicidad del libro de venta corriente (71–72).... [Quotation from Baudelaire's poem, "Au Lecteur".] Pero si Baudelaire no es bastante atrevido para cometer por su mano crímenes, no permite que se dude ni por .... un momento que siente amor hacia ellos y los prefiere con mucho á la virtud. (78) Conocemos ahora ya todos los rasgos de que se compone el carácter de Baudelaire. Tiene el "culto de sí mismo" ([Footnote:] *Las flores del mal* [1869 edition], página 5—La frase es de Teófilo Gautier); aborrece la naturaleza, el movimiento, la vida; sueña con un ideal de inmobilidad, de silencio eterno, de simetría y de artificialidad; ama la enfermedad, la fealdad, el crimen; todas sus inclinaciones son opuestas en una profunda aberración á las de los seres sanos; lo que encanta su olfato es el olor de podredumbre; sus ojos, la vista de las carroñas, de la sanie y del dolor ajenos; se siente á gusto en la estación de otoño fangosa y nublada; sus sentidos no son excitados sino por el placer contra naturaleza. Se queja de un espantoso aburrimiento y de sentimientos de ansiedad; su espíritu de ideas trabaja exclusivamente valiéndose de imágenes tristes ó repugnantes; la única cosa que puede distraerle é interesarle es el mal: muerte, sangre, lujuria, mentira. Dirige sus oraciones á Satán y aspira al infierno (82).

[*Degeneración* is one of numerous psychopathological studies published in the second half of the nineteenth century. It was widely read in Spain and had considerable influence on public opinion of Baudelaire. There was a difference of opinion, however, about Nordau's ideas, which is evident in the four quotations immediately following.]

(15) 1902, Nicolás Salmerón y García, Preface to *Degeneración*, his translation of Nordau's *Entartung* (Madrid, Fernando Fe).

Es Nordau un profundo pensador, un hombre de ciencia y de estudio, gran conocedor de la vida y de los hombres, de una cultura inmensa, que habla y escribe con tal elevación de ideas, con acento tan convencido y tan sincero, con sentido tan profundo de la realidad de las cosas, que seduce y encanta aun antes de convencer (v–vi).

(16) 1899, 15 de febrero, Pío Baroja, "Nietzsche y la filosofía," o.c., viii (Madrid, Biblioteca Nueva, 1951).

[Pío Baroja (1872–1956) is among the most important of Spanish novelists. He was also the author of numerous essays which, like his novels, are autobiographical in nature and in which he speaks of almost every conceivable subject. A prolific writer, his literary works total about one hundred volumes. He has been extensively translated.]

Nordau en su obra *Degeneración*, nos lo dió á conocer á la mayoría. ¡Qué libro más extraño el de Max Nordau! Yo le calificaría entre los más insanos, entre los más perturbadores que se han escrito (854).

(17) 1903, enero, Fernando Araujo, "Los Críticos franceses," *La España moderna*.

Max Nordau, que tiene bastante talento, no consigue convencernos de su imparcialidad.... Por mucho que alardee de independencia, nadie es menos independiente que Max Nordau: depende de sus concepciones científicas, de sus teorías médicas, de su talento de dialéctica agresiva, de su inclinación irresistible á la sátira y á la paradoja y hasta de las ideas y de las pasiones francesas. Max Nordau es quizá un gran espíritu muy incompleto. ... Construye con destreza hermosos sistemas que aplica erróneamente á la literatura (194–196).

(18) 1905, 1° de diciembre, Miguel de Unamuno, "Sobre la erudición y la crítica," *La España moderna*.
[Miguel de Unamuno (1864–1936) was Professor of Greek and later Rector of the University of Salamanca. He was an essayist, philosopher, poet, novelist, and dramatist. Unamuno is famous primarily for his essays and his poetry. He was one of the principal figures of the Generation of '98.]

Hay críticos verdaderamente horrendos, y el prototipo de ellos es acaso Max Nordau, el cual me hace el efecto de un ciego de nacimiento que juzgando por el tacto hace crítica de pintura. Cuando un cuadro le presenta una superficie lisa y fina, lo declara sano y razonable y bello, y cuando se le presenta rugoso y áspero á los dedos, lo reputa una extravagancia. Y si oye que este cuadro es alabado, declara loco de atar al que lo pintó, y no menos locos á los que lo alaban (22).

(19) 1895, Azorín, *Anarquistas literarios* (Madrid, Fernando Fe).
[José Martínez Ruiz (Azorín) (b. 1873), editor and collaborator on numerous periodicals in Spain and America, wrote novels, short stories, and comedies, but was primarily an essayist and critic. One of the most important figures of the Generation of '98, he was elected to the Spanish Academy in 1924.]

El poeta, en vez de un prisma que descompone la luz, es un espejo que la devuelve. La poesía verdadera es algo más que eso; es lo extraordinario, lo artificial, si se quiere. El verdadero poeta hace algo más que copiar; crea, corrige. Corrige la naturaleza, y al corregirla estampa en ella su sello original, inimitable. Copiar de copias agenas [*sic*] es labor de máquinas; hacer lo que nadie ha hecho, lo que desvía de la tradición, es labor de artista. Por eso para mí Baudelaire es quizás el mayor poeta contemporáneo.... Lo vulgar es el mayor enemigo del arte: sus goces, tanto los del que produce como los del que admira, les están vedados á los espíritus con funda. ... Este carácter del arte hace que los más grandes poetas sean los menos populares. No es de extrañar que en Francia, por ejemplo Lamartine y Hugo lo sean mucho más que Banville y el autor de *Les fleurs du mal;* no, porque estos últimos pertenecen por completo al grupo de artistas antidemocráticos (57–59).

(20) 1897, 23 de julio, A. de Santaclara, "Decadencia crítica," *Germinal* (2–3).

En la poesía creo superiores á nuestros Nuñez de Arce y Campoamor á los alemanes Geibel, Freiligrath y Hamerling, y en Francia, Musset, Baudelaire y Hugo.

(21) 1897, 30 de septiembre, Clarín, "Paul Verlaine" (reseña de *Liturgias íntimas*), *La Ilustración Española y Americana*. [Republished by John W. Kronik in *Revue de Littérature comparée*, Juillet-Septembre 1963 (368–384).]

El caso [de Verlaine] no es como el de Baudelaire. Yo he sido siempre enemigo de la crítica que quiere rebajar el mérito de *Las flores del mal* fundándose en que lo diabólico de este libro puede ser pura imaginación. Baudelaire mismo declaró que acaso fuera así, pero que, según sus ideas estéticas eso no importaba, pues el *poema* no es la vida particular, insignificante del autor, sino la *creación*, de todo en todo nueva, aparte, sustantiva, que vale, si está bien fingida. Según Baudelaire, será malo el *poema* si averiguáis que no es conforme á la verdad, que no es *sincero*, por el poema mismo, sin salir de él, mas no si averiguáis por medio de la chismografía que el poeta *como hombre* no vive en consonancia con lo que escribe (191, 194).

(22) 1897, 8 de octubre, Clarín, Paul Verlaine (reseña de *Liturgias íntimas*), *La Ilustración Española y Americana*.

[Verlaine] quiere que á lo menos sus poesías [*Liturgias íntimas*] sean edificantes, y por tanto, de posible mérito, de acción religiosa, no mera literatura. ¡Cuán lejos estamos de aquel Baudelaire que no pretendía ser diabólico en la *vida real*, sino puramente en la hipótesis estética! (214–215).

(23) 1897, Juan Valera, "El Superhombre," o.c., II (Madrid, Aguilar, 1949).

Yo, al menos, no puedo conciliar que Bartrina se parezca, al mismo tiempo, al sencillo, elegante, sincero y clásico Leopardi y al afectadísimo, falso y extravagante Baudelaire. En el único predicamento en que pueden entrar a la vez los tres poetas es en el de ser los tres incrédulos, enfermizos, tristes y desesperados. En todo lo demás, se diferencian muchísimo. Y, si hemos de hablar con franqueza, así Baudelaire como Batrina se quedan muy por bajo a infinita distancia de Leopardi (949).

(24) 1900, Juan Valera, "Prólogo de *Jirones* por Ramón A. Urbano," o.c., II (Madrid, Aguilar, 1949).

Algo ha llegado hasta mí de Baudelaire y de Rollinat, que me han parecido dos fastidiosas y estrafalarias caricaturas. (1004)

(25) 1900, Juan Valera, "La irresponsabilidad de los poetas y la purificación de la poesía." Sobre las "Odas," de Don Eduardo Marquina, o.c., II (Madrid, Aguilar, 1949).

Carlos Baudelaire es, sin duda, uno de los más endiablados poetas que en estos últimos tiempos ha nacido de madre. En cuerpo y alma, y sin la menor reserva, se entrega al demonio. Le reza muy devotas letanías y le pide favor y auxilio. Si el demonio se condujera generosa y decentemente haciendo dichoso a Baudelaire, *Las flores del mal* (que así se titula el tomo de sus versos) serían muy peligrosas, pues no habría de faltar quien quisiese entregarse también al demonio dándole culto para conseguir las mismas o mayores ventajas. Afortunadamente, ocurre todo lo contrario. Baudelaire es el *autontimoróumenos* [sic] por excelencia, el rigor de las desdichas, el que se castiga y atormenta a sí propio como el más cruel de los faquires de la India, no bastándole ser él su verdugo, acude al demonio y se vale de él para inspirador y colaborador de los refinados y expeluznantes suplicios a que se condena y somete. ¿Quién, por tanto, ha de querer endiablarse como Baudelaire para ser tan horriblemente desgraciado? *Las flores del mal* son, pues, muy moralizadoras: son un veneno, pero saludable veneno tomado como revulsivo (1011).

(26) 1901, Juan Valera, "*Meteoros* de Juan Alcover," O.C., II (Madrid, Aguilar, 1949).

Es falsa la imagen del *Albatros* con que Baudelaire, imitado por el señor Alcover en su composición *Beethoven*, representa al hombre de genio. Casi nunca es éste a modo de pájaro cuyas pujantes alas le pesan y estorban cuando cae en tierra y hacen de él objeto de la mofa y del escarnio de la vil muchedumbre (1085).

(27) 1902, 30 de abril, José Deleito y Piñuela, "Arte y progreso," *Gente Vieja*.
[José Deleito y Piñuela (b. 1879) was a professor of history at the University of Valencia. He was a correspondent of the Royal Academy of History.]

Todo en el modernismo lleva el sello de la decadencia y el agotamiento. Las sociedades, como los individuos, envejecen, y esto es causa del egoísmo senil, origen de ese orgullo literario que hace cultivar el yo exclusivamente; produce también aumento de sensibilidad, desgaste de las impresiones ordinarias, á fuerza de repetirlas, y, como consecuencia, perversión de los sentidos, refinamientos exóticos de una voluptuosidad enfermiza. Esto nos da la clave del moderno decadentismo divinizado por Baudelaire en sus *Flores del mal;* tendencia que responde más que ninguna otra fase modernista al proceso degenerativo señalado por Max Nordau. Erotismos y obscenidades, delirios sangrientos y aterradoras quimeras, el *satanismo*, ó culto sistemático al mal, la delectación morbosa con lo horripilante ó corrompido; todo en los decadentes implica una anestesia moral, una emotividad desenfrenada, una exaltación neurótica y un desorden mental fronterizo de la locura (1–2).

(28) 1902, 30 de junio, Gonzalo Guasp, "Ars novus," *Gente Vieja*.

1902, 27 de octubre, Luis Bonafoux

El simbolismo que Brunetière pretende definir como "amalgama confusa de misticismo," apareció en Francia hacia el año 1885.... Fueron sus precursores Paul Verlaine, denominado por el virulento Dumic [*sic*]... maníaco obsceno, el macabro Baudelaire, autor de las "Flores del mal," y Mallarmé, traductor de Poé (2–3).

(29) 1902, 27 de octubre, Luis Bonafoux, "Baudelaire." Republished in *Francesas y Franceses*, Tomo primero (Paris, Ollendorff, 1914).
[Luis Bonafoux (1855–1918) was a journalist and writer. The following extract is taken from an article he wrote the day after the unveiling of the monument placed at the head of Baudelaire's grave in Montparnasse cemetery.]

Hoy como un guiño de ojos irónicos en el fondo de las descripciones que esta Prensa ha hecho de la ceremonia ...*perpetrada* ayer en honor de Baudelaire, que dió al mundo unas *Flores del mal* que nunca se marchitarán, y el mundo le devuelve el obsequio con unas flores de trapo, tardíamente puestas en una tumba olvidada.... ¡Que han de ser de ustedes ni de los otros! La prueba de que Baudelaire, por ejemplo, no era de los librepensadores es que Veuillot, el artista ultramontano, que tampoco era de nadie, asistió á su entierro. Y cuenta que pocos escritores, incluyendo á Zola, han sido tan anatematizados como lo fué Baudelaire por eso que se llama reacción en política.... El admirable monumento erigido en honor de Baudelaire—el genio del Mal... recordóse el largo martirio de Baudelaire, su reputación de corruptor de la moral y de las buenas costumbres (¡!), de escandaloso de forma y fondo, la airada negativa de Arago á aceptar su retrato en el museo del Luxemburgo, la sentencia que condenó sus *Flores del mal* en los Tribunales de justicia.... Tampoco la apoteosis de ayer fué merecida repara-

25

ción de las injusticas que se hicieron al gran poeta de quien puede repetirse, con el gran Castelar, que le precedió el rayo y le acompaño la tormenta hasta en la borrascosa tarde de su entierro.

(30) 1903, Miguel de Unamuno, "Vida y Arte, Al señor don Antonio Machado," *Helios*, t. II, pp. 46–50. Cited by Dr. Hans Juretschke in *España ante Francia* (Madrid, Editora Nacional, 1940), p. 131.

Y lo mío es que prefiero todo estampido bravío y fresco que nos pone a descubierto las entrañas de la vida, que no todas esas gaitas que acaban en los sonetos de Heredia o en las atrocidades de Baudelaire.

(31) 1903, agosto, Pedro González Blanco, "Alberto Samain," *Helios*.
[Pedro González Blanco (b. 1882) was a journalist and man of letters.]

Es innegable que el diabólico decadente de *Les Fleurs du mal*, y el amable cantor de *La Bonne Chanson*, ejercieron una influencia considerable sobre las ideas de Alberto Samain (65).

(32) 1904, 31 de enero, Azorín, "Baudelaire," *Alma española*.

Saludemos: Carlos Baudelaire es el padre de la poesía decadente moderna.... ¿Quién no recuerda sus *Flores del mal?* Están en ellas todas estas visiones extrañas y violentas que luego se han vulgarizado un poco en la literatura. Y hay, sobre todo, una sensación del amor místico y brutal al mismo tiempo, atormentado, trágico, de una voluptuosidad malsana y perversa. Baudelaire, como Flaubert, como Taine, son coetáneos, como todos los grandes pensadores, es un pesimista desolado. Sus *Pequeños poemas en prosa* son acaso con *La educación sentimental* de Flaubert, lo más amargo que ha producido la literatura contemporánea. Son dos libros esencialmente místicos; es decir, dos libros que nos revelan la vanidad de las andanzas y los afanes de los hombres. ¿Hay algo más triste que este *pequeño poema* del clown viejo? (3).

(33) 1904, 6 de marzo, Clavigero, "Pláticas," *Alma española*.

"Entonces, á modo de insurrección, comenzaron los decadentes." Está usted fresco. Entonces.... ¿Cuando es entonces? Al mismo tiempo y conjuntamente que el Parnaso. Entre los cuatro Dioses mayores del Parnaso (Gauthier [sic], Banville, Leconte de L'Isle [sic]) está Baudelaire, que es lo que pudiéramos llamar familiarmente el papá de los decadentes, y en el prólogo de las *Flores del mal*, habla el buen Theo del estilo de decadencia (4–6).

(34) Hacia 1905, Pedro González Blanco, *Los Paraísos artificiales*, traducción (Valencia, F. Sempere y Cia). [Without foreword or commentaries]

(35) 1905, D. Eusebio Heras, *Pequeños poemas en prosa*, traducción (Barcelona, Imp. de P. Ortega). [Without foreword or commentaries]

(36) 1905, Eduardo Marquina, *Las flores del mal*, traducción (Madrid, Fernando Fe). (2ª ed., 1916; 3ª ed., 1943). [Eduardo Marquina (1879–1946) was not only a distinguished Modernist poet but also a dramatist and novelist.]

[The translation is complete except for the six condemned poems. There is the following dedication in the first edition:] A Mme. Aline Menard-Dorian à Mr. Paul Menard-Dorian laissez moi, mes bons amis, honorer de vos noms la froide nudité de cette pauvre maison, à briques castillanes, ou [sic] je prétends loger—assez étour-

diment, peut-être—le plus français et le plus moderne
—encore! [*sic*] de vos grands poëtes. E.M. Barcelone,
Octobre, 1905.

(37) 1906, 14 de noviembre, Bernardo G. de Candamo, carta
a Rubén Darío, *Cartas de Rubén Darío*, Dictino Alvarez
Hernández, S.J. (Madrid, Taurus, 1963).
[Bernardo G. de Candamo (b. 1881) contributed articles
to the Madrid newspapers while still very young. He was
at different times editor of several Madrid newspapers.]

Marquina tradujo *Las flores del mal*. La traducción cumple su fin moralizador. Es una traducción diversa. Los versos suenan simultáneamente a Marquina y a Baudelaire en vez de sonar sólo a Baudelaire (51).

Chapter II: 1905-1936

As we have seen, in the last half of the nineteenth century the majority of Spanish critics had a very unfavorable opinion of Baudelaire. They seem to have based their judgments solely on the *Fleurs du mal* and in particular on the so-called satanic poems, which form a small part of the complete volume. This is especially true of Valera. On the other hand, the favorable critics, notably Clarín and Azorín, evidently considered the *Fleurs du mal* as a complete work with a definite architecture. Moreover, they had read at least some of the French poet's other works. With a broader perspective they naturally made a more intelligent and more accurate appraisal of Baudelaire.

In the period covered by this chapter some critics made unfavorable judgments of the French poet but they are very much in the minority. Martínez de Pinillos believed that Baudelaire was mentally unbalanced (No. 8). Deleito y Piñuela, who is quoted in the preceding chapter (Ch. I, No. 27), did not alter his low opinion of the author of the *Fleurs du mal*. It is interesting to note that when he sums up the content of a quatrain from Baudelaire's "Un Voyage à Cythère," which Valera had also summarized (Ch. I, No. 13), he makes the same mistranslations that the novelist happened to make but he does not mention the latter's name. He refers to the *Fleurs du mal* as "aquellos siniestros poemas" and declares that with Baudelaire "lo diabólico es una obsesion" (No. 20). Francisco Valdés, who begrudged Baudelaire the kind words pronounced by the latter's faithful friend, Asselineau, at the poet's funeral, believed that "en mente sana y de cuño nuevo no puede entrar Carlos Baudelaire" (No. 36). These three writers are the only ones who had adverse opinions of the French poet.

The vast majority of those who expressed their views of Baudelaire spoke favorably of both the man and his works. This change from the narrow, bigoted attitude of most critics of the nineteenth century resulted from a more complete understanding of him. Díez Canedo, Araujo Costa, and García Romo pointed out the importance of the theory of correspondences in the symbolist movement, a theory which, although it was not invented by Baudelaire, was made famous by him in his sonnet, "Correspondances" (Nos. 7, 9, 29). The opinions of most writers were no longer based solely on the *Fleurs du mal* but on the poet's other works as well. Moreover, critics were probably familiar with what contemporary French writers were saying about Baudelaire. The result was a new image of the author of the *Fleurs du mal*. In place of the anti-Christ depicted by Valera, the new image of Baudelaire was that of a Catholic, a poet whose life had been sad and miserable, a tormented soul who deserved compassion rather than condemnation (Nos. 5, 32, 34, 35). The Catholic inspiration of the *Fleurs du mal* had become more apparent to Spaniards. Pardo Bazán considered the poems "un libro inspirado de la cruz á la fecha, en la concepción católica del mundo," and she also pointed out that in her opinion, a belief in Satan proves a belief in God (No. 5). This is indeed far from Valera's point of view.

    Unfortunately writers continued to relate anecdotes from Baudelairiana (Nos. 16, 27). Some of them are true. Baudelaire loved to astonish and was given to making fantastic, absurd statements in order to startle the company in which he found himself. Anyone except a bigot would find these stories merely amusing. But some anecdotes are distortions of the truth or expansions of what was partly true and they disparage Baudelaire. His enemies circulated them in France during his lifetime with the intention of vilifying him. Fortunately modern research has done much to debunk the Baudelaire legend. Marichalar, who was familiar with the results of this research, reveals the truth underlying the famous anecdote which alleged that Baudelaire dyed his hair green to attract attention. The truth is that the poet had some scalp infection which necessitated the use of a green ointment (No. 35). The true version of this incident does not make such entertaining reading as the falsified one. Perhaps that is why these partly true anecdotes were repeated as well as distorted facts about Baudelaire's life, which did him an injustice.

Chapter II: 1905–1936

Spanish critics did not agree on how to classify Baudelaire as a poet. In the opinion of Pardo Bazán and Elizabeth Mulder de Daunier he was a parnassian (Nos. 5, 27). Díez-Canedo declared that Baudelaire "creaba el arte simbolista" (No. 7). Luis Araujo Costa considered him "el iniciador de la escuela [simbolista]" (No. 9), and to Francisco García Romo he was "nada menos que el primer poeta decididamente moderno y el primer que podamos llamar simbolista con entero vigor" (No. 29). This difference of opinion is not surprising since Baudelaire's poetry has elements of romanticism, parnassianism, and symbolism. There is no difference of opinion about the French poet's competence as an art critic; those who commented on this subject spoke in laudatory terms (Nos. 30, 31). And lastly, there is general agreement among critics that Baudelaire's influence on the literature of France and of other countries was enormous (Nos. 5, 29, 40). In the words of Díez-Canedo "[Baudelaire] fué, en pleno romanticismo...un espíritu señero y exceptional.... Su sombra se projecta en toda la producción de fines de siglo, en los naturalistas, en los simbolistas, y pasa de la francesa a las demás literaturas" (No. 14).

Baudelaire's greatness as a poet was definitely recognized by Spanish critics during the period 1905–1936. There is ample evidence to justify this conclusion although the numbers of articles about him and mentions of him by Spanish writers are not very numerous during these years. There were only seven articles about Baudelaire in *El Sol* between July 1919 and November 1936[1] and none in *La Gaceta literaria* during the five and one-third years of its existence (Jan. 1927—May 1932). Of the great writers only Pardo Bazán commented on Baudelaire at any length.

Emilia Pardo Bazán (1852–1921) came from an ultra-conservative Catholic family. She read widely at an early age, among other works, the Bible, the *Iliad*, and the *Quijote*, her three favorite books. Later, after reading Alarcón and Valera,

---

1. The issues of *El Sol* from September 1, 1917 through June 1919 were not available to me.

Chapter II: 1905–1936

she became interested in Spanish fiction and decided to write novels. She published her first novel, *Pascual Lopez*, in 1879. About this time she became interested in Zola and the naturalists. Pardo Bazán defended naturalism in *La cuestión palpitante* (1883) and as a result became involved in a polemic with Valera, who was opposed to innovation in the art of the novel.

However, Pardo Bazán is best known as a novelist. In an age when the novel in Spain was dominated by men she earned a place of distinction in this genre. Of her more than twenty novels, two, *Los Pazos de Ulloa* (1886) and its continuation, *La madre naturaleza* (1887), might well be considered her masterpieces. In addition to her novels she wrote more than five hundred short stories, some of which are among the best that Spain has produced. Her critical and erudite writings are numerous. In all, her *Obras completas* total forty-three volumes.

In 1916, Pardo Bazán was named professor of modern Romance Literature at the University of Madrid, the first woman to be so honored. She aspired to membership in the Royal Academy but was never appointed because of a long-standing tradition that excluded women.

It would not be correct to say that Pardo Bazán was a disciple of Zola. She defended him in *La cuestión palpitante* but she did not accept his esthetic beliefs completely. This is not surprising since such a staunch Catholic could scarcely accept the naturalistic doctrine in its entirety. Indeed, Pardo Bazán rejected the deterministic aspects of Zola's philosophy; she also rejected Darwinism, which she claimed Zola did not prove scientifically. She was opposed to the systematic selection of the repugnant in literature but approved of closer observation of life because it resulted in greater objectivity. She considered herself a realist and believed that everything can find a place in realism except the exaggerations and errors of the two extreme schools of rational idealism and naturalism. Mindful of the important role of religion in human relations, she maintained that there was a need for religion in any portrayal of man's life. Perhaps it is this attitude which enabled her to see Baudelaire, not as a satanist but as a Christian, and to perceive the Catholic inspiration of the *Fleurs du mal*. Prejudice did not prevent her, as it did others, from appreciating the real significance and beauty of Baudelaire's poetry.

Critical Extracts: 1905-1936

(1) 1907, febrero, escritor anónimo, Reseña de *Las flores del mal*, traducción por Eduardo Marquina (Madrid, Fernando Fe, 1905), *Revista contemporánea*.

El poeta Marquina, como dijo Catarineu á raíz de una lectura en el Ateneo, ha hecho con su traducción uno de los mejores homenajes que la poesía española puede hacer á la poesía francesa. Las composiciones no han perdido nada de su original vigor, y la obra viene á traer á nuestro campo literario una precisión sobria y una fuerza de concisión desconocidas entre nosotros. Las tintas viciosas, las rojas tintas sensuales de la pasión y el mal vienen contrarrestadas en el libro de Baudelaire por su hidrópica sed de ideal, que de un vigoroso aletazo le levanta desde el fango á las estrellas (248).

(2) 1907, 1º de agosto, Fernando Araujo, "Poetas de aurora y de crepúsculo," *La España moderna*.

[Araujo speaks of the characteristics of Lamartine, Hugo, Musset, Sully Prudhomme, Leconte de Lisle, and Alfred de Vigny, then adds:] En rango muy inferior, pero distinguido siempre, se colocan Baudelaire y Verlaine, sutiles olfateadores del porvenir (190).

(3) 1908, mayo, Fernando Araujo, "Pablo Verlaine," *La España moderna*.

Se le ha comparado con Baudelaire, por ser ambos místicos y libertinos. Cierto es que ambos presentan curiosa mezcla de religiosidad y de escepticismo, de idealidad y de vulgaridad, contraste que Verlaine ostentaba en su propio rostro con su vasta frente de pensador y sus dos amplias mandíbulas; pero Baudelaire es un harto de la vida, que observa con gran lucidez de análisis las propias miserias y la propia impotencia, y Verlaine es un chiquillo que se queda con la boca abierta, maravillado, ante cualquier cosa (187–194).

(4) 1909, Andrés González-Blanco, *Historia de la novela en España desde el romanticismo á nuestros días* (Madrid, Sáenz de Jubera).
[Andrés González Blanco (1888–1924) was a poet and novelist. He contributed to the principal literary reviews.]

> El *Clarín* legítimo, el que conocemos sus adoradores, es el que habló de Baudelaire con una comprensión entonces *incomprensible* (entonces... es decir, cuando un espíritu tan fino como el de Valera se reía de *Las flores de mal*); el *Clarín* que desarrolló la mayor cantidad de energía mental gastada en la España caduca y avejentada de fines del siglo XIX (511).

(5) Hacia 1910, Emilia Pardo Bazán, *La Literatura francesa moderna*, O.C., XLI (Madrid, Pérez Dubrull, 1891–1919?).

> Antes que llegase á su período de esplendor el Parnaso, en el año 1857, apareció un libro que promovió entonces algún escándalo, que no pasó inadvertido, sin que por eso se creyese que de él saldria una nueva escuela, en los últimos años del siglo, de influjo mucho más extenso á la poesía. *Las flores del mal* no obtuvieron plenamente este triunfo hasta corridos cuatro lustros de la muerte de su autor, que ocurrió un año después de la definitiva fundación de la escuela parnasiana; y el autor, nominalmente, en el censo de adeptos de 1866 figuraba en ella.... Como se ve, en esta biografía no hay sucesos extraordinarios. Lo extraordinario, en Baudelaire, es, en primer término, sus versos; en segundo, sus gustos, manías y temas habituales. Por ambas cosas ejerció, póstumamente, pasado el "otoño," la acción más extensa y penetrante sobre la generación que le sigue, y acaso, en gran parte, sobre la actual. En primer término, digamos quienes fueron los precursores de este originalísimo poeta.... A pesar de estos afluentes, la originalidad de Baudelaire no sufre menoscabo (277–280).... Pero hay otro hecho que se en-

laza íntimamente con la sustancia metafísica de *Las flores del mal*, y que resalta en la *Correspondencia;* á saber: la constante tendencia católica, el convencimiento de la existencia del diablo y de la doctrina del pecado original, y á la última hora, una especie de conversión. Ne necesitaba Baudelaire cometer tantos excesos como se le atribuyen, ni la mitad siquiera, para ver arruinada su salud, porque á más de ser hijo de viejo, parece que había en su familia antecedentes de enfermedades nerviosas. Para entender lo que significan *Las flores del mal*, es preciso partir de que son un libro inspirado, de la cruz á la fecha, en la concepción católica del mundo; la antítesis del espíritu pagano ó panteísta de Leconte. No desmienten, ó más bien confirman esta aseveración, las Letanías de Satanás y otras diablerías poéticas. Creer en el diablo es creer en Dios: así en este poeta, el arte vuelve al sentimiento católico, más sinceramente, quizás, que en Barbey d'Aurevilly, y no menos que después en Verlaine, aunque por otros caminos. De este catolicismo, que no puede llamarse latente, sino manifiesto, en *Las flores del mal*, dan testimonio todos los críticos de altura que se han ocupado de ellas (281–283).... Con Gautier y Baudelaire, se apodera de las Galias nuestro realismo católico, sombrío y fuerte, penetrado de la presencia del otro mundo.... Sin que se pueda achacar á afectación, Baudelaire iba á contrapelo de todos. Recuérdese su comentada apología de lo artificial. Al exponer esta teoría, Baudelaire era fiel á sí mismo. Lo natural le era odioso. De este odio hay huellas en su *Correspondencia*, que no se escribió para publicarse.... El subtítulo que da á muchos de sus poemas define en gran parte la poesía de Baudelaire: "esplín é ideal." Una aspiración dolorosa hacia la pureza, un anhelo místico, unido á una inmensa tristeza y al asco de la vida; un barbotar en el charco del libertinaje, llevando, cual los ciegos de su poema, la cabeza siempre levantada, como si buscase algo en el cielo... este es el constante estado de conciencia de Baudelaire, y todos sus versos lo expresan, y el análisis de una situación que no es nueva, que, mirándolo bien, es la misma de San Agustín antes de que se volviese por completo á Dios, está hecho por Baudelaire con una intensidad y una complejidad artística con una novedad y realismo que nadie sobrepujará. No concibo que se le haya podido disputar, ni un instante, el dictado de excelso poeta, y de mí sé decir que le tengo por uno de los más fascinadores, con esa fascinación "que poseen los ojos de los retratos," por los cuales nos mira un alma sin cuerpo. Sus versos son siempre expresión de su íntimo sentir, y en este respecto, nadie más lírico, ni Musset, ni Lamartine, ni Hugo. Su biografía entera puede deducirse de sus versos (286–289).... Y no se concibe que un estado tan natural después de diecinueve siglos de cristianismo, y doblemente artístico que el de un epicúreo, haya sido mal interpretado, se haya calificado de inmoral, cuando, lo repito, no pocos santos lo atravesaron, en gloriosa lucha jacobítica, reveladora de la espiritualidad humana, ni que pase por loco quien no lo era ni por asomos, aunque declarase preferir "los sueños de los locos á los de los sabios," lo cual no ha de sorprender á nadie, ya que cierta locura de ideal es la que hace caminar al mundo...y la única desgracia de este mago fué no ser loco del todo, con la locura de la Cruz.... Sin desconocer que á la acción tardía y póstuma de Baudelaire concurrieron muy varios factores, en él, como en un ídolo recorgado de anhelos y sacrificios crueles, encarnó el hecho nuevo de la generación que venía; la decadencia (290–292).

(6) Anterior a 1912, Miguel de Unamuno, "José Asunción Silva," *La Nación*, de Buenos Aires; publicado de nuevo en 1912, en *Contra esto y aquello*, o.c., III (Madrid, Aguado, 1950).

Hay un fragmento, en prosa, de Silva, titulado *De sobre-*

mesa.... Concluye así: ¿Loco? ... ¿Y por qué no? Así murió Baudelaire, el mas grande para los verdaderos letrados de los poetas de los últimos cincuenta años."... En este párrafo hay, entre otras cosas significativas, una que lo es mucho, cual es la de llamar a Baudelaire el más grande, "para los verdaderos letrados," de los poetas de los últimos cincuenta años [Silva died in 1896] cuando en esos años hubo en Francia otros poetas á quienes suele ponerse por encima de Baudelaire (1153–1154).

(7) 1913, Enrique Díez-Canedo, *La poesía francesa moderna* (Madrid, Renacimiento).
[Enrique Díez-Canedo (1879–1944) was Professor of French at the Escuela Central de Idiomas in Madrid. He is famous primarily for his literary criticism; indeed he is probably the best critic of the Modernist movement. An outstanding authority on the Spanish theater, Díez-Canedo was drama critic for the Madrid daily, *El Sol*. He was also a distinguished poet.]

[Baudelaire] creaba un arte nuevo; en su soneto *Correspondances* ha de verse acaso la obra inicial del Simbolismo (8).... En *Las flores del mal* su quiso ver la poesía de la decadencia y del artificio; en su originalidad imprevista aportaba á la literatura el "frisson nouveau" de la frase de Hugo. Era un arte integrado por la sensualidad más exasperada y el misticismo más ardiente: nadie había trazado cuadros de tan palpitante realismo, de los que se desprende un profundo sentido espiritual. Descubriendo inesperadas "correspondencias" entre los objetos aparentemente más alejados y destintos, creaba el arte simbolista. Su obra es eterna, no por lo que en ella haya de morboso y extraño, producto de la época y el medio, sino por la austeridad artística y el vigor espiritual de este poeta, motejado de ininteligible y mixtificador por la crítica oficial, desde Brunetière hasta Faguet. No hay poeta contemporaneo que no deba algo á Baudelaire (17).

(8) 1914, 15 de marzo, Ramón Martínez de Pinillos, "La poesía de los decadentes," *La Ilustracion Espanola y Americana.*

"Todos los cerebros de la decadencia desde Petronio hasta Baudelaire—dice Guyau—se complacen en representaciones obscenas." Puesta la imaginación en este camino, le es difícil detenerse; la musa que ha creado las *Fleurs du mal* ha inspirado á Mauclair la apología de perversidad, y al mismo Baudelaire, poesias como "El vino del asesino," que justifican el nombre de desequilibrados que se han dado á sí mismos los poetas de esta escuela (166).

(9) 1917, Luis Araujo Costa, *El escritor y la literatura* (Madrid, 1917).
[Luis Araujo Costa (b. 1885) was an essayist and literary critic, an assiduous contributor to Spanish newspapers and French reviews.]

No pocas estrofas de Mallarmé y de algunos simbolistas, sin olvidar al iniciador de la escuela, Carlos Baudelaire, nos causan un placer estético legítimo, aunque el fondo de las composiciones, es decir, lo que quiere expresar en ellas el poeta, se nos dé velado por un conceptismo, no siempre de acuerdo con la razón, ya que la entraña, la esencia, el nervio de la manera simbolista es pintar objetos y seres que, como el humo, escapan y se diluyen en el aire sin que podamos nunca sujetarlos. Donde mejor se explica, á mi entender, el carácter del simbolismo, es en los siguientes versos de Baudelaire:

> La nature est un temple, où de vivants piliers
> Laissent parfois sortir de confuses paroles,
> L'homme y passe à travers des forêts de symboles,
> Qui l'observent avec des regards familiers....

Seguir paso á paso los movimientos poco perceptibles de cuantos objetos nos rodean, dar vida y alma á lo que carece de alma y de vida y suponer que las formas concretas son en realidad formas vagas, es la característica principal del simbolismo (333–334).

(10) 1917, Rafael Cansinos Asséns, "Francisco Villaespesa," *La nueva literatura*, I (Madrid, Paez, 2ª ed., 1925).
[Rafael Cansinos Assens (b. 1883) is a literary critic and novelist. He has made excellent translations of such foreign classical authors as Goethe and Dostoevski.]

[Francisco Villaespesa] loca y febrilmente, como estudiante en junio, lee por cima a los poetas franceses e italianos, que no entiende del todo (Verlaine, D'Annunzio, Gravina); festeja puerilmente la adquisicion de un tomo de Baudelaire, y glosa con cándido instinto cuando de rara encuentra: Eugenio de Castro, José Asunción Silva, Guillermo Valencia, Valle-Inclán, Vargas Vila (que por entonces viene a Madrid) le dan lirios a manos llenas (130).

Ibid., "Emilio Carrère."

[Emilio Carrère] con Ortiz de Pinedo, con Répide, con todo lo que era lo más joven entonces, formó en el cortejo, a lo largo de las calles, de los jóvenes maestros que habían visto correr en sus fuentes los raudales sagrados de Verlaine, Mallarmé y Baudelaire (205).

(11) 1918, 17 de octubre, Enrique Díez-Canedo, "Los sonetos castellanos de Heredia," *Conversaciones literarias*, 1ra serie, I (México, Mortiz, 1964).

Hay en Heredia mucho de Gautier, porque Gautier, todo plasticidad, es el eslabón de la cadena romántica a que se prende el parnasianismo—así como Baudelaire es el que se engarza con el simbolismo (174).

(12) 1919, Pío Baroja, "La Caverna del humorismo," O.C., V (Madrid, Biblioteca Nueva, 1948).

El humorismo y el buen gusto no es fácil que estén bien armonizados. El humorismo no es tampoco distinguido. El humorismo no tiene predilección por las flores extrañas: herboriza en los montes como en los tiestos de las buhardillas; no irá a buscar las flores del mal de Baudelaire, ni el myosotis azul de la balada (438-439).
... Ciertas posiciones orgullosas dependen de una anquilosis espiritual. Ahora se dirá, y con razón, que una anquilosis así puede dar una rigidez de aspecto heroico. Es verdad. A mí no me parecen mal ni las actitudes estudiadas estéticas a lo Chateaubriand, Baudelaire, D'Annunzio, etc., ni las posiciones políticas o religiosas, rígidas o hieráticas (442).... Ha habido muchos escritores que han cultivado el humorismo macabro. Poe en su *Peste roja*...Baudelaire, con sus carroñas y sus gusanos (478).

(13) 1920, Luis Araujo Costa, *El arte, la literatura y el público*, Madrid.

No sufro el espejismo de quienes imaginan ver una obra natural en un sendero, en una casita que presta amenidad a un paisaje, en una embarcación que anima el espectáculo del mar. Creo, por el contrario, que todos más o menos, somos artificialistas ¡Oh exquisito Carlos Baudelaire! Me llevaría muy lejos analizar el placer estético que la naturaleza produce (11-12).

(14) 1920, Enrique Díez-Canedo, *Pequeños poemas en prosa*, traducción (Madrid, Calpe, 1920) [2ª ed., Madrid, Calpe, 1935; 3ª ed., Buenos Aires, Espasa-Calpe, 1948].

[Baudelaire] fué, en pleno romanticismo, a la segunda hora romántica, cuando ya eran dogmas las osadías de la primera, un espíritu señero y excepcional. Su sombra se proyecta en toda la producción de fines de siglo, en los naturalistas, en los simbolistas, y pasa de la francesa a las demás literaturas (6).

(15) 1920, 8 de abril, Luis y Agustín Millares, "Baudelaire y la obsesión de la muerte," *La Ilustración Española y Americana*.

L'Hymne à la Beauté, el más perfecto, quizá, de los poemas de Baudelaire (207).

(16) 1921, Ramón Gómez de la Serna, *El desgarrado Baudelaire*, epílogo de la traducción, *Prosa escogida* por Carlos Baudelaire de Julio Gómez de la Serna (Madrid, Biblioteca Nueva, 1921).
[Ramón Gómez de la Serna (b. 1888) is a novelist, short story writer, critic, and dramatist. An incredibly prolific author, he has published over one hundred books and thousands of articles. Some of his works have been translated into several languages. He is noted for his sense of humor.]
[*El desgarrado Baudelaire* was republished in *Efigies*, by Ramón Gómez de la Serna (Madrid, 1929); 2nd edition of *Efigies* (Madrid, Aguilar, 1945); 3rd edition, 1960.]
Baudelaire es el poeta impar, ingente, inacabable, de emoción incandescente. No es un gran nombre el que ha dejado, sino algo así como la silueta del ave herida de mala muerte, que se mueve con vaivenes de agonía en el árbol en que se queda prendida al caer. Baudelaire fué, ante todo, un desgraciado físico. Se le recrudeció el cerebro por fatalidad física, pues ahora resulta que los antepasados de Baudelaire, su madre por último, antes que él, tuvieron su enfermedad, esa parálisis progresiva que sus detractores achacaron en él a los vicios. Para mí, su obra respiraba tal virtud, que nunca creí en el alma enviciada (207–210).... Baudelaire fué el hombre perseguido y obligado a decir el secreto de su alma en las peores condiciones. Sin eso no hubiera cantado su palinodia. El necesitaba los cilicios como estímulo. Por eso buscó a la negra, Duval.... Hace un siglo que nació Baudelaire y no ha habido nadie que se le asemeje ni le

1921, Ramón Gómez de la Serna

aventaje.... El mismo equivocado proceso en que se envolvió a Barbey por sus *Diabólicas* y en que se le hubiera metido por el *Cura casado* si se hubiese hecho caso de las viejas, es el proceso que se intenta contra las *Flores del mal* de Baudelaire. ¡Qué poca fantasía para volver del revés perverso las cosas! ¿Pero no veían que lo que hubiese estado bien hubiera sido titular *Flores del bien* a las *Flores del mal?*... Baudelaire fué lo que se puede ser de más principal: "un poeta nuevo," lo más difícil entre lo difícil, algo así como encontrar un nuevo metal (211–217).... [The author then recounts some of the anecdotes of the Baudelaire legend (258–275).] Es un libro *Las flores del mal* que figura tan entero y hasta con su índice en el corazón de los civilizados, que sólo al citarle se le excelencia.... *Las flores del mal* son admirables flores artificiales al lado de las que las flores de la vida son las artificiales, las contrahechas, las feas. *Las flores del mal* son los lirios sobre las tumbas, y por eso no las aman los hombres divertidos.... "Hay demasiado Satanás en sus libros, para que no se vea en ellos el creyente," ha dicho Díez Canedo (275–276).... [The author recounts more anecdotes from the Baudelaire legend (295–296).] Entre las mujeres abnegadas que iban al sanatorio estaba Mme. Sabatier, bella y sin olvido acompañada por Mme. Meurice hacía oir música a Baudelaire, mucho Wagner sobre todo, para recordar al enfermo la iniciativa de su defensa del gran músico (304).... [Baudelaire] fué sencillamente un dolorido de pobre sensualidad, pero de una visión sensual magnífica y total.... Cada soneto de los suyos, cada uno de sus poemas, se lee a sí mismo, se basta a sí mismo. Le da una lección de declamación a cada uno de los que lo recitan.... La piedra más dura del mundo, más dura que el brillante, mucho más ¡que duda cabe!, es la piedra preciosa del arte, imposible de tallar más que por la mente más formidable entre las mentes, una mente entre cada cuarenta millones de hombres. Baudelaire tomó en sus manos esa piedra dura y es el que la ha tallado con más gracia. La definición del Arte frente a Baudelaire, tiembla. Es superior a la definición del Arte; su obra, la sobrepasó en mucho. El, es la estatua de bronce en la plaza central de nuestra memoria (313-314).

(17) 1921, 27 de febrero, Cristóbal de Castro, "El Centenario de un poeta—Baudelaire, o la paradoja," *Los Lunes de El Imparcial.*

Como en Poe, su hermano mayor, en Baudelaire hay un inmortal caso de desviación intelectual. Baudelaire es un espejismo literario. Una edición, con notas, del viejo "Heautontimorumenos," [sic] atormentador de sí mismo en la comedia y en la vida. El público solo conoce la careta de Baudelaire. Esa careta de Anticristo lírico, impertinente y corruptor que recorre las sendas del Pecado con la ciencia de un viejo sátrapa de Apuleyo, el énfasis de un principe italiano y la perversidad de Celestina. Por debajo de esa careta está el correcto, escrupoloso y fino "dandy," católico como un vendeano, monárquico como un bonapartista, honesto como un buen comerciante. Sus crápulas con Asselineau se reducen a vino y queso. Sus escándalos, a disputos con Máximo de Champ. Sus lascivias, a dar cucharaditas de jarabe a la "Venus Negra." Cuando, al farol del documento, se quita la careta y nos mira, damos un grito de estupor: "¿Será posible? ¿El poeta de *Las flores del mal* no vivió la vida satánica? ¿Y el hotel Pimodan? ¿Y el haschich? ¿Y el opio?" Oigamos a Teófilo Gautier: "Cuanto a los "paraísos artificiales" (opio, haschich, vino, tabaco, ajenjo, etc.), veía en ellos (Baudelaire) una prueba evidente de la perversidad ancestral, salvaje, una impía tentativa de escapar al "dolor necesario"; una pura sugestión diabólica para usurpar, desde el presente, la dicha reservada más tarde como recompensa a la voluntad, a la virtud, al esfuerzo persistente hacia la belleza y el bien. "¿Véis aparecer al católico en esta interpretación semi-filosófica, semi-teológica, de las tentaciones del Diablo?" Pensaba—añade Gautier—que el diablo decía a los comedores de haschich y a los fumadores de opio lo que antaño a nuestros primeros padres: "Si coméis la fruta prohibida, seréis como dioses." Es lógica la hipótesis de Gautier de que si alguna vez probó Baudelaire el haschich lo hizo "como experiencia psicológica." Era, fundamentalmente, un espíritu grave, preocupado, serio. Sus mismas paradojas tienen un no sé qué de litúrgico. Toda su vida es una serie de trabajos penitenciales, ocultos bajo la careta grimosa. Cuando la careta sonríe, la faz mortal y humana tiene un supremo "rictus" de angustia. Es la Paradoja viviente. Tiene todos los dones para triunfar y fracasa en todo. Correcto, aristocrático, soldado del método, aparece como un bohemio desordenado y extravagante. Enemigo de toda rebeldía, es un rebelde. Trabajador infatigable, cobra fama de vago. Amante de la paz y la modestia, pasa por orgulloso y aun por camorrista. Triste, infinitamente triste, sus ocurrencias, sus salidas de tono, su manía de asombrar al burgués, llenan la historia literaria de su tiempo. Nació para una obra sólida y coherente, y es el poeta de las intermitencias, el hombre anecdótico. Fué el vaso bíblico de perfumes y pasó por la vida arrastrando públicamente una carrona.... Y muerto ya, por los anos de los anos, la Paradoja como una amante infiel, letraiciona en citas equívocas con críticos y biógrafos. De ese adultero póstumo sale informado, escarnecido, con la careta de Anticristo literario, de cínico bohemio, de hombre anecdótico, ocioso e inmoral. Los espíritus claros deben aprovechar el centenario y reparar esta afrenta al genio (Unnumbered pages).

(18) 1921, julio, Enrique Díez-Canedo, "Los cien anos de Baudelaire," *Indice*. Republished in *Conversaciones literarias*, 2ª serie, II (Mexico, Mortiz, 1964).

No podemos, ciertamente, a los cien años de su nacimiento, ver, detrás de un cristal, a Baudelaire inválido; pero ya, para siempre, de cien años o de trescientos, hemos de contemplarle igual a través de ese libro, llamado a no envejecer. Y no envejecerá porque no ha tenido juventud. Cuando las hadas le ofrecieron sus dones, el poeta se tomó la libertad de escoger. Y desdeñoso de una gracia fugaz, eligió una perfección severa. No ha de tener, así, el prestigio combiante del álamo en la ribera, ni el cálido verdor del naranjo, ni el voluptuoso derrame aromático de la acacia o de la madreselva, sino el oscuro follaje perenne, el excitante perfume, la alto soledad del abeto. Hay diez Victor Hugo.... No hay más que un Byron... no hay más que un Baudelaire. Baudelaire es el poeta de la edad madura. Cuando ya la canción de la orgía y el mismo suspiro de amor suenan a hueco, cuando aún la experiencia no se ha destilado en el cuarteto inmortal de los poetas de oriente, buscamos esta poesía desencantada y sólida, en que vida y muerte logran derechos iguales. Los cien años de Baudelaire no pueden darnos la imagen que tratamos de concretar primeramente. Llega a ellos con la misma fuerza, con igual plenitud que la nave de su verso imborrable:

Vaisseau favorisé par un grand aquilon,

emboca el puerto, a todo trapo, en la hora sin sombras, en la afirmación del mediodía (54–55).

(19) 1921, Alejandro Plana, "Prólogo" de los poemas de Baudelaire en *Antología general de poetas líricos franceses*, 1391–1921; traducción de Fernando Maristany (Barcelona, Cervantes, 1921).

Equidistando del parnasianismo y del simbolismo, el libro único de Baudelaire—ese libro exacerbado, sensitivo, cincelado y palpitante a un tiempo—representa por sí mismo y aisladamente una renovación total. *Les fleurs du mal* [sic] son un tratado de estética y el anuncio de una nueva sensibilidad en la lírica francesa. Se dijo que la enfermedad nerviosa que contenía el romanticismo se declara en esa obra torturada y penosa, pero llena de una dignidad poética insuperable. El romanticismo en la mayoría de sus líricos, había sido una irrupción optimista. El dolor, la presencia de la muerte, la amargura de una voluntad impotente encuentra en Baudelaire su expresión más penetrante. El dolor que en Leconte de Lisle aun en Vigny era un motivo épico, vuelve a ser un tema lírico (29-30).

(20) 1922, septiembre, José Deleito y Piñuela, *El sentimiento de tristeza en la literatura contemporánea* (Barcelona, Minerva, 1922).

Carlos Baudelaire... que por una parte entronca con el terrorífico Poe, y exalta y magnifica las notas malsanas del Romanticismo, deriva por otro concepto de Gautier y los parnasianos, en cuanto a la impasibilidad estética y el pulimento de la forma.... Sería imposible buscar en la historia universal de las letras humanas, figura más sombría que Baudelaire, más alejada de la que para el común de los hombres es lo bueno, lo sano, lo alegre, lo normal, y que de modo más hórrido y a la vez con más arte, personifique toda aberración, monstruosidad o extravagancia.... ¿De dónde proviene la espantosa negrura de sus versos? Para algunos, su gesto demoníaco fué pura *pose* y carátula de artista; y si cultivó la perversidad y la corrupción, fué insinceramente y por puro recurso literario. El mismo dejó entrever que era así, y así le disculpan su amigo y prologuista Gautier y varios de sus críticos posteriores, señaladamente Bourget. Llevan al extremo esta opinión, escribe Cristóbal de Castro (See No. 17).... Pero ni se llega a las cumbres que él alcanzó, ni se penetra tan hondamente en ese mundo dantesco que él evocaba, sin llevarle dentro de algún modo. Max Nordau, rebatiendo la piadosa hipótesis, recuerda que no se simula con acierto la locura, sino estando algo atacado de ella.... Las dos más extraviadas tendencias literarias de nuestra edad: el satanismo y el decadentismo, reconocen a Baudelaire como profeta y pontífice. Ambas florecieron años después de la muerte del precursor. Ya Byron había preludiado la nota satánica; pero puro retoricismo y arrogancia lírica. En Baudelaire lo diabólico es una obsesión. Por doquier veía la garra del demonio; y amaba a los gatos, por creer vislumbrar algo de infernal en sus ojos fosforescentes (157–159).... Baudelaire hizo del decadentismo una ejecutoria de superioridad exquisita, convirtiéndose en glorificador de todo lo artificial, decrépito, corrompido y horripilante; todo lo que es enfermedad, muerte o dolor.... Fué Baudelaire alma de insaciables anhelos.... *Sólo el aparato sangriento de la destrucción* (frase del propio poeta), refrescaba por algunos minutos su fiebre de sensualidad inextinguible.... Pero de todos los temas de Baudelaire, su predilecto es la muerte. Se complace en las visiones macabras.... Sus poesías rebosan de tales horrores. En una de ellas...se ve a sí propio ahorcado. La podredumbre le corroe, murciélagos y grajos devoran sus carnes palpitantes, y arrancan sus miembros con impasible lentitud (see Chap. I, No. 13). Reproduzcamos, aquí, para documentar este estudio, algún fragmento, entre los menos repugnantes, de aquellos siniestros poemas. [There are quotations from "Une Charogne," "Danse macabre," and "Les Deux Bonnes Soeurs." The author mentions eighteen titles of other poems and then gives a long quotation from the poem "Au lecteur" (161–166).] Aparte de esta magna colección poética, compuso Baudelaire otras obras inspiradas por el mismo estro lúgubre. Tal es *Los paraísos artificiales*, ensayo psicológico y literario sobre los efectos del opio y el haschich.... Su influencia, nula mientras él vivió, fué transcendental quince años después de su muerte, y desde entonces hasta hoy Baudelaire quedó como el Maestro indiscutible de los poetas tristes, dolientes y malsanos (166–167).

(21) 1922, Pío Baroja, *El amor, el dandysmo y la intriga*, o.c., IV (Madrid, Biblioteca Nueva, 1948).

"¿Cómo se puede comparar el poeta francés [Baudelaire], en el fondo perfectamente normal, que se violenta para ser anómalo, retórico consumado, que trabaja todos los días, que estudia su idioma, que quiere asombrar a su público, con el loco genial de Rusia? [Dostoievski].... El genio espontáneo no es cosa de Francia" (133).

(22) 1922, José Ortega y Gasset, "Brindis—En un banquete en su honor en *Pombo*," o.c., VI (Madrid, Revista de Occidente, 2ª ed., 1950–52).

[José Ortega y Gasset (1883–1955) received his doctorate at the University of Madrid in 1904. The following year he went to Germany, where he studied philosophy and became strongly attached to German culture. In 1910, he became Professor of Metaphysics at the University of Madrid, a position he held until the civil war. In 1923, he founded the important literary review, *Revista de Occidente*. Ortega was keenly interested in introducing foreign cultures to Spain. Philosopher, sociologist, and literary critic, Ortega is the single most important intellectual influence in twentieth-century Spain.]

Barbey d'Aurevilly asienta la poesia en la emoción dramática de la blasfemia. La blasfemia es el frenesí de la aniquilación que necesita resucitar perpetuamente a la víctima para complacerse de nuevo en yugularla. Así Barbey necesita ser tradicionalista y creyente para poder blasfemar del pasado y de Dios. Baudelaire va a descubrir la belleza en la venus negra, que es la plástica negación de la Venus clásica, la Venus cándida (228).

(23) 1924, Luis Araujo Costa, *Francia, el noble país* (Barcelona, Bloud y Gay, 1924).

Vemos que, como ha ocurrido otras veces en Francia, las

avanzadas de la inteligencia y de la cultura las ocupan en su mayoría precisamente los católicos, porque se da el caso de que los partidarios de las doctrinas de la Iglesia católica son los más adelantados en literatura y en arte. El ejemplo de Baudelaire, Verlaine, y, sobre todo, Barbey d'Aurevilly... se repite en los días actuales (37–38').

(24) 1925, José Ortega y Gasset, "La deshumanización del arte e ideas sobre la novela—sigue la deshumanización del arte," o.c., III (Madrid, Revista de Occidente, 2ª ed., 1950–52).

Recuérdese cuál era el tema de la poesía en la centuria romántica. El poeta nos participaba lindamente sus emociones privadas de buen burgués; sus penas grandes y chicas.... Con unos y otros medios aspiraba a envolver en patetismo su existencia cotidiana. El genio individual permitía que, en ocasiones, brotase en torno al núcleo humano del poema una fotosfera radiante, de más sutil materia—por ejemplo, en Baudelaire. Pero este resplandor era impremeditado. El poeta quería siempre ser un hombre (371).

Ibid.—"Influencia negative del pasado"

Y es el caso que no puede entenderse la trayectoria del arte, desde el romanticismo hasta al día, si no se toma en cuenta como factor del placer estético ese temple negativo, esa agresividad y burla del arte antiguo. Baudelaire se complace en la Venus negra precisamente porque la clásica es blanca. Desde entonces, los estilos que se han ido sucediendo aumentaron la dosis de ingredientes negativos y blasfematorios en que se hallaba voluptuosamente la tradición, hasta el punto que hoy casi está hecho el perfil del arte nuevo con puras negaciones del arte viejo (379–380).

(25) 1926, agosto, José Ortega y Gasset, "Estudios sobre el amor—Amor en Stendahl," o.c., V (Madrid, Revista de Occidente, 2ª ed., 1950–52).

1927, 23 de noviembre, Esteban Salazar y Chapela

El deleite del "estado de gracia," dondequiera que se presenta, estriba, pues, en que uno está fuera del mundo y fuera de sí. Esto es, literalmente, lo que significa "extasis": estar fuera de sí y del mundo.... Baudelaire hacía una declaración de extático cuando, a la pregunta sobre dónde preferiría vivir, respondió: "En cualquiera parte, en cualquiera parte... ¡con tal que sea fuera del mundo!" (591).

(26) 1927, 23 de noviembre, Esteban Salazar y Chapela, Reseña de *Baudelaire. Mystique de l'Amour*, por Jean Royère (Paris, 1927). *El Sol*.
[Esteban Salazar y Chapela (b. 1902) was editor of *El Sol* and a regular contributor to *Revista de Occidente*. He is a novelist as well as a critic.]

No sabríamos decir hasta qué punto Baudelaire vive en el presente. O cuál ha sido su influencia en poetas posteriores a él en Francia.... No sabríamos decir, pues, hasta qué punto Baudelaire rasgó el velo del porvenir (su porvenir somos nosotros), si tuvo cuerda suficiente, desnudez e ingravidez propicias para instalarse luego por derecho propio en un siglo posterior rarísimo. Rarísimo, porque nuestra época no es continuadora de la precedente, sino divergente en la locura—"nunca bien alabada" —de un viraje carrerista atrevido. De todos modos, ya el aire señoril de Baudelaire, su "caballerosidad," su pulcritud, su distinción, le dan derecho a presenciar nuestras verbenas. Lo que fué para sus compañeros envidiosos motivo de resentimiento continuo es para nosotros motivo de asentimiento cordial. Era distinguido, pero no puritano. Era capaz de todo.... Incluso de "emocionarse con un perfume." Y a pesar de esta capacidad, es lo cierto que a Baudelaire le pesaba su cabeza de modo prodigioso; había en Baudelaire extraordinaria fuerza mental, maravilloso don, que lo hace a veces frío, casi marmóreo, al lado de otras figuras esencialmente emotivas: la de Verlaine, por ejemplo. Amaba la ciudad, "su" París;

"vestía perfectamente," poseía un formidable sentido crítico. En sus "Petits poèmes en prose" aparece visible poemáticamente aquel amor. En su vida, varias veces contada, de Gautier a François Porché ("La vie douloureuse de Charles Baudelaire," Paris, 1927), aparece su pulcritud indumentaria. El espaldarazo a Poe, espaldarazo europeo, habla de la certera, buída mirada de Baudelaire como crítico. Si atamos esos tres cabos, veremos al hombre. Moderno. Actual. En consonancia con nuestro París de "aujourd'hui." Si le agregamos su obra, sus poemas, veremos el artista.

(27) 1928[?], Elizabeth Mulder de Dauner, *Carlos Baudelaire;* traducción de algunas de *Las flores del mal* (Barcelona, Cervantes, sin año).
[Elizabeth Mulder de Dauner (b. 1904) is of Dutch and South American ancestry. She is a poet and novelist and has contributed to Spanish newspapers and reviews.]

Baudelaire acopla el dolor y el placer, la vida y la muerte, lo real y lo quimérico, en la mayor parte de su obra. Y se adivina a veces una lucha enconada entre el espíritu que quiere elevarse y la carne, la Bestia que ruge aferrada a la tierra. Pero siempre hay un sentido poético que redime; siempre, por toda la obra de Baudelaire, pasa el soplo sublime de su intensa exaltación poética, tan compleja y tan delicada; y la angustia de su alma hipersensible y de su existencia dolorosa, entregada como ofrenda magnífica, vibrante, palpitante, a la Vida y al Arte, ese "cruel Moloch." Brunnetière [sic] crítico autorizado, ha tratado a Baudelaire de loco y de extravagante. Brunnetière [sic] tiene razón. En lo que no la tiene es en no ver que esta locura y esta extravagancia tienen, en el autor de *Fleurs du mal,* una fuerza emocional tan honda, tan profunda, tan consistente, que forman no ya sólo la base de su temperamento sensitivo, sino su razón de ser como poeta. Sin ella es posible que Baudelaire no hubiera entrado en el Parnaso, y que, por consiguiente, la escuela baudelairiana no se hubiera creado. "¡Tanto mejor!" dirán algunos detractores del poeta que creía que hay que estar ebrio siempre de amor, virtud o vino. O tanto peor. Porque si es cierto que Baudelaire es fuertemente amargo, no es menos verdad que este amargor suyo resulta necesario para poder digerir ciertas féculas literarias sumamente sanas y nutritivas; pero que se le indigestaban a cualquiera. La obra de Baudelaire, que es exaltada, tremante, febril, venenosa y mordazmente irónica muchas veces, esconde también, entre tanta roja "flor de mal," una flor blanca de piedad, de misericordia, de dulzura y de ternura para las llagas abiertas en el corazón de la vida, para las illagas que no por ser perversas, no por rezumar pecado o vicio y tener emanaciones pútridas, dejan de ser menos dignas de lástima y hasta de amor. Así, en *Lesbos*, en *Una martir*...y en algunas otras poesías que juntan a los colores violentos la dulzura de una tonalidad surgida del sentimiento piadoso, que, aunque apenas esbozado, subsiste en el alma llameante del poeta, en esa alma mórbida por todas las sensualidades, espoleada por todos los deseos, fustigada por todas las inquietudes y herida por todos los dolores. En esa alma que adora lo artificial y lo cerebral y lo depravado; pero que tiene, como un árbol, las raíces hundidas en la tierra y la copa perdida en las nubes (5–7). [Then follows a seven page biography of Baudelaire (7–14).] Baudelaire fué un grande, un altísimo poeta. [Anecdotes from the Baudelaire legend] ...Mas todas estas excentricidades, que tantos enemigos le conquistaron, nada tienen que ver con su obra, audaz, original, vigorosa (sí, vigorosa a pesar de sus enfermizas morbosidades) y sobre todo intensa. Baudelaire alucinado por gusto, neurótico por convicción, insistía en que la vida es mala (14).

(28) 1930, 13 de febrero, F.V. Reseña de *Morceaux choisis* de Charles Baudelaire. Seleccionados por Y.-G. Le Dantec (N.R.F., Gallimard, Paris). *El Sol*.

A un lector español ha de sorprenderle esta continua reedición de las obras de Baudelaire, este constante comentario, crítica y profundización de su obras, cuando compara con el silencio y olvido que en seguida sepultan a nuestros poetas y escritores, sin excepción, para los más famosos. ¿Qué poeta español reciente o antiguo ha sido centro persistente de tan inmensa bibliografía? Con razón subrayaba Paul Valéry en una conferencia dada en Madrid la resonancia de la obra poco voluminosa de Baudelaire, que llena todavía, desda hace más de sesenta años, toda la esfera poética con mayor predicamento tal vez que en los años de su publicación. No hablemos ya de influencias vivas, ni mucho menos de evolución orgánica, como pueden encontrarse en la literatura francesa a partir de la aparición de *Les fleurs du mal*. La linea Baudelaire-Rimbaud-Verlaine-Mallarmée[sic]—Valéry es una descendencia directa en que una misma idea progresa, se desarrolla, sin por eso dejar de ramificarse, siguiendo un principio que actúa como un germen interno. Verlaine y Rimbaud han desplegado ciertas cualidades de la poesía baudelairiana, mientras que Mallarmée [sic] y Valéry han seguido otra dirección ya implícita—y consciente—en los versos de "Les fleurs du mal."... Una edición de obras completas de un poeta español de la misma época de Baudelaire tendría aquí carácter de capricho, sin causa, en el editor y de anticuarismo o curiosidad en el comprador. En Francia, la edición repetida de las obras de Baudelaire—y de otros poetas y escritores de todas épocas—es una necesidad casi vital para lectores y hombres de letras. Baudelaire sigue "presente," operando todavía directamente sobre la poesía francesa: aquí con su sentimiento o su sensibilidad, allá con su concepto del lenguage poético o de la poesía pura, es decir, con la totalidad de su genio... Pudiera haberse hecho la selección con mejor o peor fortuna; pero lo importante—al anunciar estos "Trozos escogidos" al lector español—era, ya que probablemente no los comprará, señalar este fenómeno, desconocido en España, de la absoluta actualidad literaria de un poeta que para nosotros ya no existiría, no vivo ni continuado, y que no hubiera dado otro fruto que el de sí mismo.

(29) 1931, enero, Francisco García Romo, Prólogo de una traducción: *Pequeños poemas en prosa* (Madrid, Cía. General de Artes Gráficas, 1931).

[Baudelaire] es, como veremos, no solamente el primer poeta puro y moderno, sino, en unión de Poe, el primer teórico plenamente consciente de la poesía pura.... No; en verdad Baudelaire no es un romántico, aunque naturalmente integra a la poesía las modestas adquisiciones románticas, aportaciones, repitámoslo, meramente materiales o de contenido, no formales o constituyentes de la esencia poética (y de todo arte). Con menor acierto aún, si cabe, podría pretenderse que Baudelaire es realista. Tamaña enormidad se incubó, por vez primera, en las mentes obscuras de aquellos sapientes jueces que, en la sentencia condenatoria, ordenaban la supresión de seis poesías de *Las flores del mal que conducen necesariamente a la excitación de los sentidos por un realismo grosero y ofensivo al pudor*. Después tan ridículo tópico logró infiltrarse en algunos manualejos de historia literaria, al mismo tiempo que le colgaban a Baudelaire, los epítetos de malsano y decadente. No nos extrañará, pues, si investigamos los orígenes de la poesía bodeleriana, que ésta no debe nada a Victor Hugo ni a Gautier (10–12).... Pero hasta ahora no hemos hecho sino definir a Baudelaire negativamente, previa tarea indispensable por los equívocos y tópicos que nos dificultaban su lúcida comprensión. Baudelaire es nada menos que el primer poeta decididamente moderno y el primero que podamos llamar simbolista con entero vigor.... Afirmémoslo plenamente: Baudelaire es el primer simbolista. Su famosa teoría de las *correspondencias* no es un simple atisbo genial pero aislado.... Baudelaire, primer teórico consciente, en unión de Poe, de la poesía pura y el primero que haya empleado esta expresión.... Precisamente, si hay una cualidad distintiva, definitoria en Baudelaire, es su inteligencia y sentidos críticos, la acuidad de su consciencia, la lucidez de su espíritu, la limpidez y seguridad de su juicio, la clarividencia de quien ha escrito; *no creemos que se pueda comprometer al genio explicándolo,* frente a la actitud aldeana y paleta de tantos artistas ante toda crítica (13–17).... Sentimos no disponer de espacio para poner de relieve, como hubiera convenido por la magnitud del caso, la incomprensión formidable con que ha tropezado Baudelaire, desde el famoso proceso por *Las flores del mal* y el fracaso de su candidatura a la Academia, hasta las vaciedades, y dicterios de la crítica oficial con Brunetière, que le llama ilustre mistificador, Faguet, que, dictador de la mediocridad, no se digna siquiera incluirlo en su *Petite histoire de la Lit. fr.* y hasta el otras veces comprensivo Lanson que, después de adjudicarle los sambenitos de rigor (decadente, morboso, malsano, etcétera), le niega la sensibilidad. Pero ni los jueces de un régimen podrido que le condenó, ni los otros jueces—los literarios—los Bruntières, los Faguets y los Lansones, han logrado amenguar su triple gloria aquí analizada: primer poeta moderno, creador de la crítica de arte y teórico de la poesía pura, creador del poema en prosa. Sobre todo, como poeta, su influencia ha sido enorme. Todas las sucesivas generaciones de poetas, a partir de la simbolista, han podido aclamarlo por maestro. Caso ejemplar, porque, como dice Gide, sólo es prometida la duración a aquellos escritores capaces de ofrecer a las sucesivas generaciones alimentos renovados, ya que cada generación trae un hambre diferente. Esto es lo que constituye la grandeza de Baudelaire y para ello le han bastado cuatro o cinco libros, es decir, mucho menos que a los señores Bru, Fa., y Lan. En tanto que Verlaine y Rimbaud—dice P. Valéry—han continuado a Baudelaire en el orden del sentimiento y de la sensación, Mallarmé lo ha prolongado en el dominio de la perfección y pureza poéticas. Baudelaire, nombre en francés antiguo, de una daga corta, de dos filos, y, como ella, penetrante, es, con Stendhal, dice Gide, la más admirable inteligencia crítica de su época y añade: ¿qué vale el romanticismo al lado de estos dos inventores? (24–25).

(30) 1931, abril, César González Ruano, *Baudelaire* [biography]. "Prólogo" de la 1ª ed., publicado de nuevo en la 2ª ed. (Barcelona, Janés, 1948). [There is a third edition (Madrid, Espasa-Calpe, 1958).]
[César González-Ruano (b. 1903) is a journalist. He was editor of *La Epoca* in 1927 and later, of three other newspapers. He also served as foreign correspondent for Spanish newspapers. He has published poetry and novels and is a prolific writer.]

Ya he dicho que mi apasionamiento por Baudelaire es contemporáneo a mi adolescencia, acaso antes de leerle. Fué en la edad precursora al galleo literario, sobre los quince o dieciséis años... fué entonces cuando dije a alguno de mis amigos una frase pedante y estupenda: "Baudelaire es un ángel mojado en sangre."... Baudelaire tiene mucho de ángel rebelde, como Poe me resulta el ángel perdido del que no se acuerda ni Dios ni el Diablo, por lo que se ve obligado a permanecer en la tierra, indocumentado y sombrío e infinitamente bueno e infinitamente desgraciado, cogiéndose las alas con las puertas de los periódicos. [End of quotation from the Prólogo.]
(15) ... [*Las flores de mal*] es el libro de su vida, el libro integral y específico cuya importancia él no ignora, él que ha sufrido la cerril afrenta; el libro que ha de alimentar toda una época, que ha de hacer valer su idioma en el mundo, ese libro a cuyo calor han de nacer los grandes poetas, porque como dice Paul Valéry, "ni Verlaine, ni Mallarmé, ni Rimbaud hubiesen sido lo que fueron sin la lectura que hicieron, en la edad decisiva, de *Las flores del mal.*" Y en todos los países, en determinada época de la

formación del gusto literario, "Las Flores" fueron el kempis de una juventud, como la mía, que soñaba en destrozarse, en cantar la antífona de las divinas miserias, en subirse el estómago al corazón con las drogas y el corazón a la cabeza con los malos sueños. Después, en la hora criticista, más desinteresada de los arrebatos juveniles, ese libro maravilloso no ha perdido un sólo verso, un sólo paso en el campo de nuestra admiración (193).... No hay que olvidar que Baudelaire, en la crítica pictórica, fué un precursor de todo el sentido contemporáneo—equivocado, a mi modo de ver—de la "crítica de arte," el primero que en vez de hacer un análisis, en vez de ensayar una descripción, etc., se planta delante de un cuadro y hace un poema (198).... "Las flores del mal" tienen un carácter integral y orgánico: la musicalidad, el verbalismo poético, la imágen precisa, la serenidad clásica presidiendo toda exaltación saltan al oído continuamente, las asonancias y las aliteraciones. Se ha hablado de una influencia—existente por otra parte—de Sainte-Beuve. Yo creo que sería más exacto buscar una reminiscencia del latín litúrgico. Sus asonancias dan, muchas veces, el ambiente, la persuasión y la situación, adquiriendo en Baudelaire un raro valor. Son también, auxiliadoras del ritmo, consecuencias secretas del ritmo, auxiliar concordante en fin. Todo en él—y este es el misterio del poeta—parece más que encontrado, más que logrado, revelado por el milagro poético. Me queda hablar de las repeticiones y refranes.... En Baudelaire, precisamente son la obsesión. Sólo la obsesión se repite. ¡Ah! Y sólo ella nos salva también, ¡la muy perdedora y perdida!... El siglo xv o la angustia de muerte. Baudelaire tiene, en el siglo xix, una causa común con el xv. He aquí una civilización agotada, un momento decadente, que produce en París algo muy significativo: el horror y la angustia por la muerte, que se traduce en algo sinónimo, aunque parezca antagónico; la exaltación del pecado y el temblor cristiano. Del realismo encenagado al misticismo más puro. Fijémonos bien: al realismo macabro, se mezcla, el gótico flameante. Este es el siglo XV Esto es Baudelaire (269–271).

(31) 1931, 28 de mayo, Adolfo Salazar, "Un Kamtschatka romantico—Baudelaire, crítico," *El Sol*.

Carlos Baudelaire, castigado, insultado por sus poemas, motejado como el más pernicioso de los decadentes, extrema peninsula de un continente exótico, tal esa Kamtschatka del romanticismo," que para Sainte-Beuve tenía otro nombre, "la folie Baudelaire," está considerado universalmente hoy, tres cuartos de siglo después del proceso de "Las flores del mal," como uno de los mayores poetas de todas las épocas. Monsieur Philippe Soupault, que es a su vez un agudo escritor, termina el estudio que dedica a Baudelaire con estas mismas palabras.... Soupault, consciente de su responsabilidad, se justifica a lo largo de su estudio. *L'a-t-on veritablement compris?* se pregunta prudentemente, no sin sorpresa para el lector español, que había decidido, con menor prudencia que Soupault, pero también con menor responsabilidad, unas conclusiones análogas a las suyas. Que en resumen pueden exponerse así sucintamente: la poesía moderna comienza con Baudelaire. Rimbaud lo exaltará hasta una categoría divina, mientras que Hugo, de donde procede ("una punta extrema del romanticismo," Baudelaire, al paso que Hugo era la encarnación misma del romanticismo), pasa al rango de "poeta official".... Estos volúmenes [*L'art romantique* y *Curiosités esthétiques*] compuestos por el proceso imperativo del aluvión, conglomerado de hojas diarias donde lo contingente de cada día estimulaba en Baudelaire su normal secreción periodística, contienen toda la sustancia de la crítica moderna, del mismo modo que "Las flores del mal" llevaban en simiente futuros Rimbauds y más allá todavía. En su aspecto apenas conocido de crítico periodístico, Baudelaire tiene que interesar de un modo vivo, apasionante, a cualquiera que se preocupe de arte. La vida, la pasión fueron precisamente sus grandes argumentos. El fué el primero—y lo digo en el mismo sentido con que se le considera el primero en la serie poética moderna, en virtud de ese fenómeno de óptica aludido al comienzo de este artículo—en hablar de un modo crítico de las "correspondencias" entre las artes, es decir, de aquella ósmosis y endósmosis de sensaciones que Nietzsche consideraba come un "vicariato de los sentidos"; él fué el primero en estimar el valor de "modernidad" en un artista y en discernir sobre su relatividad respecto al mundo circundante, esto es, a ese "mundo moderno" que son los primeros en vivir los artistas y las gentes que del vivir hacen un arte exquisito; él fué el primero también, o poco me engaño, en hablar del "desplazamiento de vitalidad" entre algunas artes y entre algunos aspectos privativos a alguna de ellas; él uno de los que más se preocuparon por aplicar al arte "la idea moderna del progreso"; él, quien antes que nadie reconoció, ensalzándolo, el valor jerárquico de pintores, músicos, poetas, fustigados en su tiempo. Desde un punto estrictamente crítico, Baudelaire apreció con exactitud los límites puramente arbitrarios y quiméricos del arte frente a los avances de un maquinismo que alboreaba con la fotografía. Límites de un país libre donde la justicia radica en la pasión, enorme cantera de verdad, y el orden, en el ensueño del artista. [Footnote: (Así dice Baudelaire que un crítico es "un soñador cuyo espíritu se orienta hacia la generalización tanto como al estudio de los detalles, o por decirlo mejor, hacia la idea de orden y de jerarquía universales.")] Y donde la sal de su vida se esconde bajo la severidad de una apariencia que enmascara la interna ironía.

(32) 1931, 11 de septiembre, Eugenio Montes, "Biografía de un alma en pena—Auto de fe de Baudelaire en España," *El Sol*.
[Eugenio Montes (b. 1897) is an ultraist poet, professor, philosopher, and historian. A writer with a very broad

1931, 11 de septiembre, Eugenio Montes

cultural background, he is a member of the Spanish Academy.]

    Je voudrais qu'exhalant l'odeur de la santé....
                                     CH.B.

[Hacia 1850—cuando el siglo promedia y Augusto Comte funda capillas positivistas—todo es caos y hastío en un mundo descritianizado, cuyo lema podía ser "spleen e ideales," aburrimiento y perplejidad ante caminos indecisos. Pero en medio de ese mundo hay alguien que sólo tiene en él su reino a medias. Este de quien hablo es, como los demás, un contagiado por la lepra del subjetivismo. Pero este contagiado tiene conciencia de la epidemia y memoria de la salvación. Sabe que si la pluralidad de caminos no lleva a ningún sitio, yendo por uno solo llegaría a Roma. No es suya la culpa si le faltan fuerzas para emprender el viaje peregrinante, macerando cuerpo y alma. En 1850 no ha querido el Señor que hubiese santos en la tierra. Pero quiso al menos que orilla a la nostalgia de la santidad, hubiese un cristiano pobre sentado sobre piedras penitentes. Un pobre que sin pedir limosna enseñaba las llagas.

    Et que ton sang chrétien coulât à flots rythmiques....
                                     CH.B.

Baudelaire sufre el drama de su impotencia religiosa y el de la impotencia del siglo. Sufre la soledad a que le condena el viento laico que ha expulsado del aire los ángeles de la guarda. El hubiera deseado confesarse, contándole a alguien su pecado y su patética. Pero tenían ojos y no sabían ver. Tenían oídos y no sabían oír. No hay nadie que escuche esa voz que clama en desierto. Entonces el cristiano se mete en la noche oscura del alma, en la noche del alma de su época color de tinta, dando gritos sin eco. El que no puede contar puede cantar todavía. Le fluye, ahumada de ardores, la sangre cristiana a borbotones rítmicos por heridas en forma de soneto.

> O mort, vieux capitaine, il est temps! levons l'ancre!
> CH.B.

Cuando el estoico fracasa suele hacerse epicúreo. Pero cuando fracasa el epicúreo, después vuelve a Cristo. Baudelaire es aquel que comprende la derrota de la modernidad en su afán de epicureísmo. Y es aquel que inicia, crucificándose a sí propio, el retorno de la civilización a la cristianidad antigua. La angustia baudelairiana sangra por todos los costados coágulos del pecado de origen. El hombre es una criatura expulsada del Paraíso, condenada a destierros terrenales. Por la caída primera es la tierra un yermo, con nostalgia de celestes estalactitas. Baudelaire, aquel que escribió una vez "yo quiero ser un santo," tiene conciencia de la esterilidad mundana. Pero es demasiado esteta para no intentar remediarla, fingiendo oasis en las leguas monótonos [sic] del "taedium vitae." La nostalgia del Paraíso le acucia tanto, que se da a inventarlo. Helo, encantador encantado, retorciendo su flauta en serpiente de músicas allá en el paraíso artificial.... En un libro reciente, Stanislas Fumet, abre vías aquinianas de racionalidad y geometría para el extraviado. Pero el francés olvida que la salvación no es sino individualidad, y el cielo que abre con su caña de oro en la oscuridad ochocentista no es aquel que a Baudelaire le estaba prometido. Es César González-Ruano (see No. 30) el que acierta, con su pasión meditabunda, a salvar el poeta de un tiempo maldito. En su azufrada biografía Ruano quema a Baudelaire con bellos fuegos lívidos. Tenía que ser un español, quemado él también en llamas de Contrarreforma, el que salvase a esta alma en pena. En un auto de fe de cuatrocientas páginas arde la carne del ángel herético. Hoy la plaza Mayor de Madrid es otra vez—por obra de un español de raza—purgatorio de poesía.

(33) 1931, 1ro de noviembre, Enrique Díez-Canedo, "Baudelaire y Poe," *El Sol*. [On the occasion of the publication

1931, 1ro de noviembre, Enrique Díez-Canedo

of the last volumes of *Oeuvres complètes de Charles Baudelaire*. Edition critique par F.F. Gautier continuée par Y.-G. Le Dantec. Paris, N.R.F., 14 volumes.]

Cuando el francés [Baudelaire], iniciado en la lengua inglesa, pero acaso sin dominarla por entero, descubre al americano, su personalidad literaria estaba casi totalmente definida. Había compuesto ya la mayor parte de las "Flores del mal," que bastarían para mantenerlo en su rango si todo lo demás despareciera; pero lo demás dista de ser secundario en cuanto a interés, y también bastaría por sí solo para asegurarle puesto eminente. ... Poco influye Poe en Baudelaire en cuanto a poesía; mas ya las "Flores del mal" brotan en esa atmósfera cristalina, de extraña limpidez, casi deshumanizada, para decirlo con un término de hoy, en que se logran las raras floraciones edgarpoescas. Está predispuesta al influjo la mente del gran poeta francés, y ese influjo se ejerce sobre todo en la expresión de sus ideas estéticas al comentar las costumbres, las artes y las letras contemporáneas. Entusiasta de Poe, va leyéndolo y traduciéndolo con pasión; el trato con su obra lo lleva a depurar su inglés, y en las ediciones sucesivas el texto adquiere tales mejoras, que bien claro se ve en el empeño no la simple función, poco menos que mecánica, de un traductor hábil, sino el amor al texto interpretado, que llega a tener consideración de obra propia.... Baudelaire mismo expresó el motivo de su culto, explicando por qué ciertas expresiones, ciertas frases, pasaron de Poe a sus escritos. Lo tradujo con tanta paciencia "porque se le parecía." Declara: "La primera vez que abrí un libro suyo vi con espanto y maravilla no sólo asuntos soñados por mí, sino *frases* pensadas por mí y escritas por él veinte años antes." A la corrección de sus traducciones lleva el mismo criterio que a la corrección de sus versos, como lo indican las variantes de la edición de 1861 con respecto a la de 1857. Y aquí ya pudo haber lección directa de Poe, a quien sin duda

Baudelaire debe mucho; pero, no se olvide, como apunta asimismo Y.-G. Le Dantec, que Poe le debe a él buena parte de su gloria.

(34) 1932, 28 de junio, Eugenio Montes, "Vida, pasión y muerte de un poeta cristiano—Canonización de Baudelaire," *El Sol*.

Cuando fracasa el epicúreo, se convierte en estoico. Cuando fracasa el estoico, se convierte en cristiano. Baudelaire es buen ejemplo de esto. Porque éste es aquel que en medio de la confusión del ochocientos, por sentirse dos veces fracasado, se siente humilde plegaria a una cruz sencilla.... Baudelaire, avergonzado, suicida al pobre epicúreo que lleva fuera. Contempla las llagas, pero no pide limosna. El epicúreo ha muerto. Aun no ha nacido el cristiano, porque el estoico se interpone para tapar las heridas con la clámide del orgullo. Hasta que en fin rasga las vestiduras y enseña su corazón desnudo. "Mon coeur mis à nu." El poeta se confiesa. Cuenta y canta sus culpas, traduce el secreto en voces y da publicidad al vicio. Así, a la par que canta, desencanta. Se confiesa a gritos Baudelaire. Se achaca, como los ascetas, pecados. En medio del yermo de su espíritu, con leguas de soledad y arena aburrida, busca incansable pensamientos negros, flores del mal que tal vez no ha cometido. ¡Y cuánto tarda ya en llegar la muerte!

O Mort, vieux capitaine, il est temps! Levons l'ancre!
En una larga agonía patética como un crepúsculo, la vida y el arte de Baudelaire—que nuestro González-Ruano (see No. 30) supo pintar con rojos de locura y amarillos de azufre—se arrastran, mendicantes y humildes, por Tebaidas de penitencia. A rastras va en su vejez prematura, cayendo y tropezando, como un peregrino de leyenda cara a la Ciudad Eterna. Cuando ya se le ofrece a la vista y va a entrar en Roma por la puerta estrecha, se le escapa la vida a su cuerpo. A un

cuerpo que ya es sólo un alma en pena. "Murió en olor de santidad—dice Charles du Bos [Footnote:] (*Approximations*. 5° série. Paris, 1932)—canonizando al reprobo."

    Je voudrais qu'exhalant l'odeur de sainteté.[2]
En el proceso de canonización hay careos de ángeles y demonios. Ahora un querube se acerca a los jueces y jura que ha visto volando en torno a las flores del mal—rosas de trapo—a las dulces abejas de las hagiografías. Y el ángel relee la confidencia. Y con el ala rota suscribe y la firma.

(35) 1932, julio, Antonio Marichalar, "La Blusa de Baudelaire," *Revista de Occidente*.
[Antonio Marichalar (b. 1893) is a writer and literary critic who has contributed to important Spanish and foreign reviews. In addition to art and literature he is also interested in history and biography.]

Mas Baudelaire no fué, en rigor, un tipo original: original es, en la vida, aquél que imita las originalidades que su modelo ha hecho con naturalidad. Baudelaire no fué propiamente un farsante. Su blusa no le enmascaró jamás. Al contrario; esa blusa no le sirve para favorecerle, sino para con ella repeler a la humanidad. No es el capricho frívolo de un dandi; es, más bien, el forzado dandismo de un miserable. El día que se pintó el pelo de verde supusieron las gentes que pretendía llamar la atención, y a lo que aspiraba justamente era a no llamarla cuando su enfermedad le obligase a raparse la cabeza. Toda la afectación de Baudelaire es tan auténtica como su mal teñida pelambrera. Baudelaire es el puro cristiano, el puro miserable. Su blusa es sambenito de ignominia, cilicio de amargura, que encerca su Te-

    2. Montes here misquotes Baudelaire's original "la santé" which he has correctly quoted earlier (see p. 61). Since the present reading makes a good deal of sense in Montes's article, it is completely possible that the misquotation is intended.

baida. Este cínico, este vicioso, llega una vez a confesar que lo único importante es: "ser un santo para uno mismo." Bloy creía en la tristeza de no ser santo; Baudelaire sabe de la tristeza que hay en serlo. Y en serlo en baja rebeldía. Pero no lo será espectacularmente. Al contrario: lo es encapuchado en el irrisorio mandil que le atrae la pedrea y el escarnio. Su impertinencia es pudor orgulloso, que no muestra sus llagas, ni se deja acercar. Es lo opuesto al andrajo de Humilis, que implora piedad. Por eso es más conmovedor el Baudelaire irónico que el desgarrado. Cuando muestra "su corazón al desnudo" aparece una débil satisfacción irritada, un alarde agrio: único fariseísmo que le está permitido al publicano. Prefiero el otro Baudelaire: aquél que, de manera tan trivial, nos refiere como pasando un día por el bulevar y al apretar el paso para huir de los coches: "Mi aureola se despegó, cayendo sobre el barro." Agrega que el hecho no tuvo importancia, pero que bastó para enturbiarle el resto del día.... Tuvo que resignarse al vicio, que clausurarse en él, y defenderse del mundo y ann [sic] del ángel que le hubiera salvado a trastazos. No se ha inquirido lo bastante la gracia en este hombre que—como dijo de Nietzsche, Landsberg—"iba para santo" (124–125).

(36) 1932, 28 de agosto, Francisco Valdés, "Todavía Baudelaire," *El Sol*.

Mirada de plano o de perfil la vida de Carlos Baudelaire es una agria penumbra agusanada. Cuando en 1867, el día 2 de septiembre, en el cementerio de Montparnasse ante un raido cortejo de afinidades, Asselineau—el fiel amigo del poeta—alza su voz para vindicarle con estas palabras: "Este gran espíritu fué al mismo tiempo un buen espíritu, este gran corazón fué también un buen corazón," ¿no cosquillea en la serenidad de nuestro juicio estimativo el ronroneo de la mentira? Ahí está toda su existencia. La vida de Carlos Baudelaire, con su

1932, 28 de agosto, Francisco Valdés

desorden, su libertinaje, su crápula, su desgarre, su obscenidad, sus trampas y enredos, sus cinismos y malquerencias. Una vida de trapo sucio.... [Then follows a detailed list of Baudelaire's sins and shortcomings.] Perfil feo y repelente la vida de Carlos Baudelaire. Modelo de vida antiejemplar. Se precisa encasillarse en la Patalogía. La Medicina le ha tomado como sujeto de estudio. Y ya está bien catalogada su vida y su obra. Aunque André Gide haya dicho esta "genialidad": "Lo que hizo parecer en su tiempo la obra de Baudelaire inquietante y malsana, es precisamente lo que hoy la mantiene joven y siempre punzante." Es el criterio del corydonismo y de otros muchos ismos. Coge la mano zurda los apelativos y calificativos y los coloca allí en aquellos casilleros donde jamás estuvieron asentados. Fuera de esa intención, ya nada importa.... Lo monstruoso le [Baudelaire] atraía. De ello, en ello y sobre ello hizo su poesía y su vida. Vida huera; poesía abotanada. "Toda poesía es una poesía de ocasión." "Lejos, la vanidad de los que afectan experiencias para después ostentarlas en sus poemas." Afirmaciones goethianas. Exacto. En este último caso, Carlos Baudelaire, que pretendió, en vez de dar forma poética a la realidad, hacer realidad del fuego poético de sus averiados sueños imaginativos. La peor imaginación: la inclinada a lo malsano y monstruoso. ¡Y aún quieren pasar el truco de la religiosidad, del catolicismo de Baudelaire!... [Another enumeration of Baudelaire's misdeeds and shortcomings. Further vilification.] De la tumba entreabierta donde reposa el recuerdo de Baudelaire ha alzado un poco más la lápida nuestro camarada César González-Ruano (See No. 30.) para percibir cercano el tufo baudelairiano. ¡Y lo ha absorbido como una droga fuerte y excitadora. Luego ese hedor se ha exudado entre los perfumes de un vigoroso temperamento.... Yo no censuro el gesto de Cézar González-Ruano. No llamo atrevimiento el riesgo de hacer un tomo macizo sobre la vida rota y acabada de Carlos Baudelaire. En España llena un hueco. No es lo mismo que decir "no hacía falta." Pero el 1932 está muy lejos del 1857. No basta que Baudelaire sea un precursor. No es suficiente justificación que la literatura francesa, con cuidada y puntual fidelidad a sus "figuras," se esfuerce en prolongarnos a Carlos Baudelaire. Es el esfuerzo en arrastrar el lastre. Nadie como Francia juega al peligroso juego de la inteligencia y de la erudición crítica. Y eso porque la sobra vagar, curiosidad y dinero. En mente sana y de cuño nuevo no puede entrar Carlos Baudelaire. Seguramente esto pensará hoy su biógrafo español. Yo lo veo dirigido hacia otros caminos de más firme relieve. Más exactos y permanentes.

(37) 1932, Federico García Lorca, "La imagen poética en Góngora," o.c. (Madrid, Aguilar, 1960).
[Federico García Lorca (1898–1936) ranks as one of the great poetic dramatists of modern times and also as one of the greatest Spanish lyric poets.]

El verso corto puede ser alado. El verso largo tiene que ser culto, construído con peso. Recordemos el siglo XIX, Verlaine, Bécquer. En cambio, ya Baudelaire usa verso largo, porque es un poeta preocupado de la forma (86).

(38) 1934, julio, Miguel de Unamuno, "El Hermano Juan o el mundo es teatro (prólogo)," o.c., XII (Madrid, Aguado, 1958).

Baudelaire, que fué un *dandy* fracasado y en rigor un solitario, nos ha dado la más profunda interpretación—teatral, ¡claro!—de Don Juan cuando nos le describe entrando en los Infiernos, en la barca de Caronte, rompiendo por en medio del rebaño de sus víctimas, que se retuercen y mugen—entre ellas la casta y flaca Elvira pareciendo reclamarle una suprema sonrisa en que brillara el dulzor de su primer juramento—y él, Don Juan, tranquilo, doblado sobre su espadón, miraba el surco y no dignaba ver nada....

> Mais le calme héros, courbé sur sa repière,
> Regardait le sillage et ne daignait rien voir.

Pero se dignaba ser mirado—y admirado—darse a las miradas de los demás. Este es Don Juan.

(39) 1934, Rafael Reyes, *Historia sucinta de la literatura francesa por los textos* (Madrid, 1934).

[Baudelaire:] Poète catholique et aristocratique, s'est distingué surtout dans cette oeuvre d'un style très personnel: *Les Fleurs du mal;* il a traduit également les *Contes fantastiques* d'Edgar Poë (220).

(40) 1935, Rafael Reyes, *La literatura francesa ilustrada con textos,* tomo II (Madrid, 1935). [2ª ed., Madrid, 1936; 3ª ed., Madrid, 1952.]

L'oeuvre de Baudelaire révèle un esprit étrange, une sensibilité morbide, un goût bizarre pour l'extravagant et le faux. Il a cherché des sensations neuves et pour cela s'est attardé dans la peinture des vices et des laideurs de la vie. Mais c'est un poète incomparable par son originalité et la perfection de ses vers. Son influence a été très grande sur les poètes parnassiens et même symbolistes (134).

(41) 1935, 28 de abril, Pío Baroja, "El valor de la crítica," o.c., v (Madrid, Biblioteca Nueva, 1948).

¡Cuántas obras que se han considerado magníficas e inmortales, al cabo de poco tiempo se han olvidado! Algunas—menos, naturalmente—consideradas de poco fuste al parecer, han sobrenadado y han tomado importancia con los años.... Byron dice que entre los autores ingleses prefiere Pope a Shakespeare.... Merimée, en una de sus cartas, asegura que Baudelaire es afectado, petulante, que no es poeta, aunque hay en sus *Flores del mal* una chispa de poesía (1299).

(42) 1935, Tarsicio Seco y Marcos y Antonio Soler Taxter, *Anthologie de Textes français* (Burgos, Tarsicio Seco y Marcos, 1935).

[Baudelaire] appartient à la fois aux parnassiens et aux symbolistes: esprit rare et curieux, mépris du simple et du vrai, culte de la forme et du rythme. *Les Fleurs du mal* lui conquirent une bonne réputation; on y trouve des pièces d'une grâce et d'une mélancolie exquises (218).

(43) 1936, 19 de enero, Azorín, "Los cuatro gatos," o.c., IX (Madrid, Aguilar, 1952).

Don Francisco Rodríguez Marín ha publicado una admirable edición de *La Gatomaquia*, de Lope.... Nadie ha hablado de los gatos como Baudelaire. A los gatos ha dedicado tres magníficos poemas en *Las flores del mal*. Y sobre los gatos tiene alguna indicación en sus *Diarios íntimos* (1003).

(44) 1936, Antonio Machado, *Juan de Mairena*, o.c. de Manuel y Antonio Machado (Madrid, Plenitud, 1957).
[Antonio Machado (1875–1939) is one of the truly great Spanish poets. In addition to his poetry he wrote a critical essay, "Juan de Mairena," and several plays in collaboration with his brother, Manuel.]

Grande, muy grande poeta es Espronceda, y su don Félix de Montemar, la síntesis, o, mejor, la almendra españolísima de todos los Don Juanes. Después del poema de Espronceda hay una bella página donjuanesca en Baudelaire, que Espronceda hubiera podido adoptar sin escrúpulo—tanto coincide en lo esencial con su Don Felix—como epílogo o como *ex libres* [*sic*] decorativo de *El estudiante de Salamanca*.

Quand Don Juan descendit vers l'onde souterraine (1085)....

Chapter III: 1936-1957

During these years mention of Baudelaire's satanism disappeared from critical writings about him. Only unimportant critics repeated anecdotes from the Baudelaire legend or spoke of the poet's private life (Nos. 7, 26, 27). The *Fleurs du mal* was no longer considered immoral. Only one writer disagreed on this issue. José María Lladó, who translated about half of the *Fleurs du mal* in 1954, assured his readers that "la selección ha sido hecha con arreglo a un rígido criterio de moralidad" (No. 26). Disregarding Sr. Lladó's implication that some of the *Fleurs du mal* is immoral, one may safely say that all critical writing on Baudelaire in the period 1936–1957 is favorable to the poet. And this is not surprising. Baudelaire's works had been more carefully analyzed, were better understood, and, most important of all, were seen in their proper perspective.

Critics still did not agree on how to classify Baudelaire as a poet. Sáinz de Robles called him a parnassian (No. 21). Juan del Alamo declared that he "est un des meilleurs ouvriers du Parnasse.... [Il] annonce aussi les symbolistes et il est authentiquement leur père, ayant formulé le grand principe de leur inspiration." Alamo then quotes the first quatrain of Baudelaire's sonnet, "Correspondances" (No. 13). For Esclasans "Carlos Baudelaire... fué el padre y el profeta del Simbolismo" (No. 19). The most accurate statement on this question was made by J. R. Jiménez: "Baudelaire era romántico, parnasiano y simbolista combinados" (No. 23).

While there was a difference of opinion as to the literary movement to which Baudelaire belonged, which is, after all, merely an academic matter, there was general agreement on a much more important question, namely, Baudelaire's ultimate place in literature. As we saw in the preceding chapter, his greatness as a poet was definitely recognized years before the civil war. Since then critics have become even more laudatory; they speak of Baudelaire not merely as a great poet, but as one of the greatest in world literature, one whose work will always endure. Lorenzo Varela declares that Baudelaire "hoy está considerado como uno de los pocos poetas mayores de la literatura universal" (No. 11). To Esclasans "ha sido uno de los máximos poetas de todas las edades" (No. 19). J. R. Jiménez comments: "Baudelaire hoy, ese gran decadente, pues es el maestro de toda la poesía contemporánea en todo el mundo, uno de los maestros, con Poe" (No. 23). Cernuda calls Baudelaire "uno de los mayores poetas modernos, y no sólo de Francia (No. 34). Guarner declares that "...sobre todas estas encontradas opiniones...siempre estará la obra del Poeta, serena y eterna ya porque es genial" (No. 25).

Critics continued to recognize the great importance of the French poet's influence on literature. According to Esclasans, "Baudelaire funda y determina toda la escuela de poesía moderna" (No. 19).

Critical Extracts: 1936-1957

(1) 1939, José Ortega y Gasset, "Ensimismamiento y alteración," o.c., v (Madrid, Revista de Occidente, 2ª ed., 1950–52).

Noten ustedes que esta maravillosa facultad que el hombre tiene de libertarse transitoriamente de ser esclavizado por las cosas, implica dos poderes muy distintos: uno el poder desatender más o menos tiempo el mundo en torno sin riesgo fatal; otro, el tener dónde meterse, dónde estar, cuando se ha salido virtualmente del mundo. Baudelaire expresa esta última facultad con romántico y amanerado dandismo, cuando al preguntarle alguien dónde preferiría vivir, él respondió: "¡En cualquier parte, con tal que sea fuera del mundo!" Pero el mundo es la total exterioridad, el absoluto *fuera* que no consiente ningún fuera más allá de él. El único fuera de ese *fuera* que cabe, es, precisamente, un dentro, un *intus*, la intimidad del hombre, su *sí mismo* que está constituído principalmente por ideas (300).

(2) 1940, Pedro Salinas, "El cisne y el buho," *Literatura española siglo XX* (Mexico, D.F., Seneca, sin fecha). [Pedro Salinas (1891–1951) was by profession a teacher. He taught at the Sorbonne, the University of Seville, Cambridge, Wellesley, and Johns Hopkins. As an author Salinas wrote poetry, dramas, novels, short stories, and essays but it was in poetry that he excelled.]

Es imposible reducir el cisne a unidad de significación. En los románticos renglones de Vigny, el cisne es el poeta que crea y que lleva encima el fardo del zoilo vulgar. En Baudelaire es el ser mítico, la criatura ideal y exquisita, desterrada en la pobreza de este mundo. Creo que también pueden valer, dentro de la concepción cósmica de Baudelaire, por el poeta (102).... Baudelaire inagotable tesoro de temas poéticos, rehabilita el buho en su antigua nobleza olímpica. En su soneto "Les

Hiboux," a la sombra de los lúgubres tejos, están los buhos en fila como dioses extraños

> dardant leur oeil rouge. Ils méditent.

He aquí devuelto a los buhos su máximo prestigio, ser emblemas de la meditación. Baudelaire se sirve en seguida del buho para expresar, otra vez, una idea que le era muy cara: la sabiduría suprema de la inmovilidad. Los buhos no se mueven en toda la noche, y eso es una lección:

> Leur attitude au sage enseigne
> Qu'il faut en ce monde qu'il craigne
> Le tumulte et le mouvement (116–117).

(3) 1940, Hans Juretschke, *España ante Francia* (Madrid, Nacional, 1940).

[Clarín] en 1887 consiguió—único y primero de sus compatriotas—comprender la profunda religiosidad de Baudelaire [Footnote: (Mezclilla, pp. 55–98)], se esfuerza luego en comprender a los simbolistas y a sus seguidores (107–108).

(4) 1940, 21 de abril, Pío Baroja, "La Unanimidad," o.c., v (Madrid, Biblioteca Nueva, 1948).

No hemos visto nunca que en la realidad las doctrinas de un libro hayan producido un rápido efecto social, y menos si este libro tenía un carácter de ciencia pura. De Maquiavelo no han salido los políticos sin fe...ni de Baudelaire los decadentes. Existían mucho antes que ellos.... Es una candidez pensar que un hombre tranquilo va a leer un libro de Nietzsche y a decirse de improviso: "Me voy a hacer violento," o a leer una poesía de Baudelaire y a pensar: "Me tengo que hacer decadente" (1123).

(5) 1941, Azorín, *Valencia*, o.c., vi (Madrid, Aguilar, 1952).

Y en Valencia aprendí yo solo el francés en Baudelaire y el italiano en Leopardi (121).

(6) 1941, Azorín, *Madrid*, o.c., vi (Madrid, Aguilar, 1952).

Se ha hablado—y se sigue hablando—de los autores que han influído en los literatos de cierto grupo.... Debemos acoger con reservas sus palabras.... He dicho yo mismo, por ejemplo, que Baudelaire, leído en la mocedad, al comenzar mi carrera literaria, ha influido en mí. ¿Lo sé yo en realidad? (207).

(7) 1941, J. Raimundo Bartrés, "Prólogo" de *Carlos Baudelaire—El joven encantador*, traducción de Fred Pujalá (Barcelona, Pallas, 1941).

Baudelaire fué un caso rarísimo de hiperestesia aguda—quizá sólo comparable al sueco Strindberg—cuyas reacciones a la menor aspereza de la grosera realidad eran sumamente violentas.... A los 18—ya casi impotente —la sífilis hace su aparición, que no le dejó hasta la fosa que ella misma cavó. Mas él no se arredra y continúa por un igual.... [The author then speaks of Jeanne Duval.] ¡Y pensar que este montón de carne lujuriosa se pegó a él durante años—hasta morir ella!... [Jeanne Duval survived Baudelaire.] (18–25)... [Anecdotes. Marie Daubrun. Apollonie Sabatier (30–34).] He aquí, lector, que ya he dado fin a esta breve narración sobre el poeta más grande de Francia del siglo xix. Al decir "más grande," alguien dibuje un mohín de duda pensando en Musset o en Victor Hugo. Es igual: siempre habrá adolescentes y sexagenarios que se pirran por los caramelos, como adultos adoradores de oropeles vacuos. Eso, en cuanto a la obra, cuyo mérito sería ridículo poner en entredicho. En cuanto al hombre, seamos misericordiosos. Y endiosándonos por unos instantes, perdonemos sus muchas faltas, que, al fin, estas le martirizaron despiadadamente, sin sosiego en todo el curso de su triste vida, vida que resbaló desde el principio hasta el fin en un circulo vicioso, repleto de sublimes y bajas pasiones, y cuyo centro perenne fué su madre (41–42).

(8) 1942, Rafael Alberti, *La arboleda perdida* (Mexico, Seneca, 1942).
[Rafael Alberti (b. 1902) wrote poetry which reflects several movements of the twentieth century: Surrealism, Ultraism, neo-Gongorism and pure poetry. He also wrote a number of dramas.]

Como todo escritor, tengo mis preferencias y mis odios. Desde muy joven, arranca en mí una especial antipatía y rigurosa aversión hacia el substantivo "voluptuosidad" y, sobre todo, hacia su forma adjetivo: "voluptuoso."
... ¡Voluptuoso! Incluso en francés es reventante. Sólo Baudelaire me lo ha hecho aceptable en el estribillo de su "Invitation au voyage":

> Là, tout n'est qu'ordre et beauté,
> Luxe, calme et volupté.

(9) 1942, Agustín Esclasans, *Pequeños poemas en prosa*, traducción y prólogo (Barcelona, Maria M. Borrat, 1942). [Agustín Esclasans (b. 1895) is of French and Provençal ancestry. As a young man he lived a long time in France. He is a poet, essayist, and novelist, and has published about one hundred books in Spanish, Catalan, and French.]

[Carlos Baudelaire] nos legó con la publicación de su "Petits poèmes en prose" (Spleen de París), una especie de borrador de su obra máxima en verso, "Les Fleurs du mal," pero un borrador con personalidad categórica propia, y compuesto a veces como colofón en prosa de sus realizaciones en verso... que Victor Hugo descubría en sus versos inmortales.... Baudelaire suscitó, para su propia sensibilidad poética, un fantasma mental (dando a la palabra "fantasma" su estricto sentido griego de imagen del objeto grabada en la fantasía) que a fuerza de sutilización expresiva se le convertía impecablemente, en un vago, tenue, difuso espectro verbal. Poeta máximo y crítico perfecto, su sensibilidad poética fué siempre más rígidamente transformadora en arte que su sensibilidad pictórica. Baudelaire fué un artista muy difícil y muy escrupuloso.... Poeta dantescamente cristiano y católico, uno de los máximos líricos mundiales (7–9).... Los "Pequeños poemas en prosa" forman una delicada colección de "esqueletos" de poemas, que Baudelaire preparaba para realizar en verso. [*Los pequeños poemas en prosa* were written after *Las flores del mal*.] ¿Qué tiene de extraño que el dantesco medievalismo de Baudelaire se convierta a menudo, satíricamente, en satanismo de gárgola de catedral gótica? Sólo un alma tan profundamente católica, tan angustiosamente macerada por el Dolor y la Muerte como la de Baudelaire, podía escribir aquellos dos versos tan cristianamente inmortales que dicen: "¡Oh! ¡Señor! ¡Concédeme la fuerza y el ánimo necesarios para contemplar sin repugnancia mi corazón y mi cuerpo!" (10).

(10) 1943, Pío Baroja, "Las anticipaciones en el arte," o.c., v (Madrid, Biblioteca Nueva, 1948).

En la historia del teatro griego se nota que muchos trágicos y dramaturgos desconocidos, seguramente medianos, tuvieron más premios que Sófocles, Eurípides o Aristófanes. En la literatura científica, Lamarck, Geoffrey, Saint Hilaire [*sic*], Bachofen y otros fueron poco considerados en su tiempo; en la Historia le pasó lo mismo a Burckhardt, en la novela a Stendahl en la poesía a Baudelaire (1047–1048).... Merimée habla desdeñosamente de Baudelaire. Así dice en una carta de la correspondencia inédita dirigida a una señora: "No he hecho ninguna gestión para impedir que se queme al poeta de que me habla usted, sino decir al ministro que valdría mejor quemar otros antes que él. Pienso que se refiere usted a un libro titulado *Las flores del mal,* libro muy mediocre, nada peligroso, donde hay algunos chispazos de poesía, como puede tener un pobre mozo que no conoce la vida y que está triste y cansado porque le ha engañado una griseta." Aquí Merimée se muestra incomprensivo y hasta cursi. Es la petulancia del que ha llegado a viejo y cree que sabe mucho.... Una persona de talento debía haber comprendido que *Las flores del mal* es el libro de un poeta decadente, perverso y enfermo; pero, en último término, de un poeta (1050).

(11) 1943, Lorenzo Varela, *Carlos Baudelaire,* selección, traducción y prólogo (Buenos Aires, Poseidón, 1943).

Hay dos clases de crítica (llamémosle así a una de ellas): la del creador y la de profesor. Baudelaire es un crítico creador y antiprofesoral. La diferencia entre ambos es una diferencia de vida o muerte. El crítico creador pone en cada una de sus palabras el aliento, la penetración, la claridad de un poema. El crítico profesor, cuando más, se refiere a las acotaciones que se olvidó el pintor en la paleta.... Baudelaire es el crítico creador por excelencia (11–13).... Para una gran parte del público de habla española, Baudelaire era un poeta "bohemio," desordenado, "inspirado." También para mucha gente de su tiempo lo fué. Y hasta hubo críticos que creyeron ver en sus versos torpezas de lenguage y de técnica. Hoy está considerado como uno de los pocos poetas mayores de la literatura universal.... Pero el empeño lo dejó a su prosa, a su actitud, a toda su obra, como una rama de salvación, un depurado ascetismo, una austeridad, una seriedad tan hondamente viril, que pensamiento tiene muchas veces la expresión de la sentencia trágica o del aforismo épico. Le dejó esa seriedad que tiene toda su obra, que es la seriedad que perdieron los ismos y que queremos reconquistar hoy (19–21).

(12) 1943, Melchor Fernández Almagro, *Vida y literatura de Valle-Inclán* (Madrid, Nacional, 1943).
[Melchor Fernández Almagro (b. 1893) is an essayist, historian, and literary critic. He was chief literary critic of *El Sol* and has contributed to *Revista de Occidente* and *La Gaceta Literaria*.]

El abolengo de los modernistas empieza en Baudelaire (56).

(13) 1944, Juan del Alamo, *Historia de la literatura francesa.* III (Madrid, 1944).

Charles Baudelaire.—*Sa vie*... [Après avoir] voyagé à l'île de la Martinique Baudelaire retourna en France où il mena une vie scandaleuse. [Baudelaire went to the island of Réunion, not to the island of Martinique.] Enlisé dans d'indignes amours et miné par la maladie et les stupéfiants, il arriva à une fin prématurée.—*Son oeuvre.* Baudelaire publia divers ouvrages... mais seulement son recueil *Les Fleurs du Mal* (1857) fit sa réputation.— *L'écrivain.* Le réalisme de Baudelaire est brutal et son goût discutable. Ses vers sont vigoureux, pleins, ils sont pleins de santé et de solidité. C'est pour cela que Baudelaire est un des meilleurs ouvriers du Parnasse. Quelquefois comme le chrétien en proie au demon, il s'écrie comme lui invoquant Dieu:

> Soyez béni mon Dieu qui donnez la souffrance
> Comme un divin remède à nos impuretés.

Baudelaire annonce aussi les symbolistes et il est authentiquement leur père, ayant formulé le grand principe de leur inspiration:

> La nature est un temple, où de vivants piliers
> Laissent parfois sortir de confuses paroles,
> L'homme y passe à travers des forêts de symboles,
> Qui l'observent avec des regards familiers.

(14) 1944, Otoño, Ricardo Gullón, "Baudelaire, Crítico de arte," *Escorial, Revista de Cultura* (suplemento de arte).
[Ricardo Gullón (b. 1908), a lawyer by profession, is also a literary critic. Besides literature he is interested in the other creative arts, particularly painting.]

Pues bien, Baudelaire muestra en estos comentarios [*Les Salons*] una fogosa inspiración, una variedad de adjetivo y una precisión de juicio que debe ser cuidadosamente estudiada por el aspirante a crítico, porque allí se enseña la manera de eludir los dos grandes escollos de una semejante pretensión: la monotonía del catálogo y la vaguedad del ensayo puramente teórico. Baudelaire se agarra a la obra y emite su opinión. Esto, en cierta manera, puede hacerlo todo el mundo. Pero lo que importa acentuar es que en él su juicio se relaciona exactamente con el sentido último de la creación artística, y que se emite como bromeando, con la profunda, inimitable ligereza que es peculiar al poeta.... Queda entendido que en Baudelaire se da como cualidad crítica la sensibilidad, de la que se apuntó alguna vaga indicación; pero al lado de ella, completándola y no sé si decir que integrándola, está la inteligencia para reconocer y tasar el contenido de cada obra.... Baudelaire trata de dar algo más que una impresión de las obras juzgadas. Ese es el punto de partida. Análisis de los valores ideales, del impulso creador, a la luz de las intenciones que han producido como resultado la creación artística. Por ese camino se llega a la revisión de los valores sobre los que se apoya el hombre.... Y el combate de Baudelaire crítico se reduce, en suma, a propugnar en el artista elevadas intenciones, ideales, necesidad creadora. Infatigablemente se esforzó por distinguir a los creadores, a los que viven con necesidad de pintar frente a quienes pintan por necesidad de vivir. Es muy probable que en el presente la misión de los jóvenes que sientan vocación por la crítica de arte consista ante todo en resolver este problema previo: procurar la eliminación de todo lo que es falso, ventajista y vulgar, para que puestas las cosas en claro se restableza la noción de las jerarquías y de las estimaciones. Para esta urgente tarea les queda a nuestros jóvenes, si faltaran otros más próximos, el ejemplo limpio y fecundo de Carlos Baudelaire.

(15) 1945, octubre, Rafael S. Torroella, "Un centenario de la crítica de arte—El del primer *Salón* de C.P. Baudelaire," *Revista de ideas estéticas*.

Baudelaire se opone a la crítica dogmática y profesoral, a los críticos que no son más que críticos, al capricho, a la rutina y al abandono.... El quiere que la crítica sea parcial, apasionada, esto es, sincera y profunda. El artista es el revelador místico de un mundo trascendental, y el crítico no puede observar como espectador desinteresado el forcejeo incesante de aquél por aproximarse a la Belleza. Tiene que intervenir él mismo en la lucha, con placer y con dolor, pues ambos deben participar en igual medida de semejante esfuerzo. La crítica, para Baudelaire, no es una ciencia, sino una colaboración artística, de aquí su desconfianza por los sistemas y su creencia de que en la simpatía, en el entusiasmo común, se halla la génesis de los juicios sobre las obras de arte. Entre los apuntes de Baudelaire se encuentra esta indicación esclarecedora: "Retrato del verdadero crítico.—Metafísica.—Imaginación." Si él ha rechazado cualquier sistema previo, considera que el crítico, del mismo modo que el artista, debe someterse a las leyes del orden universal. ... La absoluta probidad de Baudelaire en sus juicios, su ambición de asignarle a la crítica un puesto eminente, debían conducirle a aquella seguridad y firmeza, tanto en el elogio como en la censura, que le caracterizan. Emplea una forma simple y sobria, es exigente consigo mismo en cualquier momento, y si reclama para sí la libertad de apasionarse y de ser parcial es a condición precisamente de no olvidar que algo muy importante le va en todo ello: ese drama de su propia existencia expresado por él en el dilema "¿será necesario sufrir eternamente o eternamente huir de la Belleza?" ¿Qué mejor comprobación de la probidad y el acierto con que Baudelaire desempeño la crítica de arte que la pervivencia de sus juicios? Delacroix, Wagner, Manet, Constantin Guys, Félicien Rops, todos ellos le son deudores por los elogios, tan de primera hora, que él les hiciera cuando eran combatidos, o ignorados, por lo más. Hoy, un siglo transcurrido ya, advertimos cuán poco se equivocó en sus apreciaciones el poeta que en su composición *Les Phares* coloca como luminosos vigías de la humanidad los nombres de Rembrandt, Rubens, Leonardo de Vinci, Miguel Angel, Watteau, Goya y Delacroix. [Sr. Toroella then gives a number of well chosen passages from Baudelaire's prose writings. These quotations, which he has translated into Spanish, present some of the French poet's esthetic beliefs.] (517–531).

(16) 1945, Azorín, "El campo y los poetas," o.c., VII (Madrid, Aguilar, 1952).

Berceo es, según creo, el primer poeta que en Castilla habla del campo: le gustan los prados floridos.... Cosa rara: hay en él una sensación que es preciso llegar a la poesía contemporánea, para encontrarla; y todavía en la poesía moderna esta sensación no es muy corriente. Creo que es un poeta francés—Carlos Baudelaire, el poeta maldito—quien ha inaugurado estas sensaciones en sus versos. Me refiero a la sensación de los olmos (685).

(17) 1946, Enrique Díez-Canedo, *La poesía francesa del romanticismo al superrealismo*. Antología (Buenos Aires, Kraft, 1946).

[Díez-Canedo merely repeats in this volume the comments he made about Baudelaire in 1913, in *La poesía francesa moderna*. See Chap. II, No. 7.]

(18) 1946, Luis Cernuda, "Andre Gide," *Poesía y Literatura* (Barcelona-Mexico, Seix Barral, 1960).
[Luis Cernuda (b. 1904) was educated to be a lawyer but never practiced law. He is a distinguished poet and a literary critic.]

Después de todo, a nadie podemos conocer mejor que al ser nuestro. Lo único que podría chocarnos ahí es la exclusividad de tal modo de observación humana, y que la vanidad personal nunca o raramente salga castigada, sino al contrario, fortalecida. La súplica de Baudelaire, *Ah, Seigneur! donnez-moi la force et le courage / De contempler mon coeur et mon corps sans dégoût!*, arrojando de sí el espejo, ya que la forma en él reflejada no es posible arrojarla sino con la vida, resulta singular en las letras francesas (123).

(19) 1947, Agustín Esclasans, *Mi corazón al desnudo*. Prólogo y traducción (Barcelona, Apolo, 1947).

Poeta, crítico, prosista único, Carlos Baudelaire trajo al mundo una forma literaria nueva: fué el padre y el profeta del Simbolismo. "Les fleurs du mal," "Petits poèmes en prose," sus críticas perfectas, que le sitúan al lado y por encima de Diderot y de Fromentin, son las obras modélicas de un jefe de escuela y de un espíritu refinado, profundo, de una sensibilidad hiperestética y de un pensamiento cristalino. Baudelaire ha sido uno de los máximos poetas universales de todas las edades, y funda y determina toda la escuela de poesía moderna, que partiendo de él y pasando por Gérard de Nerval, se enlaza con Jean-Arthur Rimbaud y el Conde de Lautréamont, hasta Mallarmé, Valéry y los jovencísimos pontífices del sobrerrealismo. Baudelaire saca a luz toda la sensibilidad del arte actual. Su poesía y su metafísica le alejan, en absoluto, del bajo realismo, de la vulgaridad ambiente, convirtiendo la vida en un pretexto de conversión, más que sobrereal, sobrenatural. "Les fleurs du

1947 [?] Benjamín Jarnés

mal" no quiere decir, como han creído lectores y críticos groseros, las flores que da el mal, sino las flores de pureza, de piedad, de elevación que pueden extraerse hasta de la vil materia, de baja putrefacción humana, del mal físico y metafísico. Baudelaire fué siempre un supremo elegante, un *dandy* del intelecto y de la sensibilidad. Su íntima pureza fundamental era tan noble y categórica, que disfrazaba sus sentimientos y sus inclinaciones bajo la máscara excéntrica y mixtificadora de su *dandysmo* y de su tan cacareado *satanismo*. Como San Agustín y Dostoievski, Baudelaire creía que "cuando más a fondo se haya sumergido el hombre en la materia, tanto más ágil y alto será el salto que le eleve hacia las estrellas." De ahí la profunda piedad cristiana, la tristeza compasiva, la indignación pulcramente espiritual, que hace de él el hermano más directo, en poesía, de Dante Alighieri. "Las flores del mal," esta obra terrible, profundamente metafísica, pavorosamente teológica, es la más digna hermana del poema del gran toscano, es la "Commedia" del siglo xix. Mal se ha entendido al gran Charles Baudelaire, pero hoy los poetas jóvenes más sensibles e inteligentes ven ya en él lo que en realidad fué: uno de los máximos intérpretes de todo el bien y de todo el mal a través del infierno de la vida humana. Toda la materia y todo el espíritu fueron los campos de experimentación de la literatura baudeleriana. La "vida interior," en él significa, triste, terrible, patéticamente, "vida moderna".
... [Esclasans, referring to the title of his translation, remarks:] El nos da la pauta de aquella sinceridad insobornable, de aquella cristianísima pureza dolorosa, de aquel inmenso ímpetu cordial que cruza todas sus críticas y ensayos (10–13).

(20) 1947[?] Benjamín Jarnés, "Pedro Carlos Baudelaire," *Enciclopedia de la literatura*, i (Mexico, Editora Central). [Benjamín Jarnés (1888–1949), a novelist, was the editor of the aforementioned *Enciclopedia*.]

Sin razón se le [Baudelaire] ha tachado de inmoralidad. Nadie ha sentido más repulsión por las bajezas de la materia que Baudelaire, a pesar de que admitía la perversidad original, elemento que se encuentra siempre en el fondo de las mejores almas.... Quería que todo objeto sufriera una metamorfosis antes de penetrar en la esfera del arte para, idealizándole, alejarlo de la trivial realidad. por eso, sus imágenes más horribles están siempre transfiguradas por un rayo de luz, a lo Rembrandt, o un trazo de grandiosidad a lo Velasquez. Y hay siempre serenidad en su arte nervioso, febril, atormentado.... El placer particular de este poeta por lo artificial, predilección que no oculta.... Todo lo que alejaba al hombre, y sobre todo a la mujer, del estado natural, le parecía una feliz intervención.... Naturaleza sutil, complicada, razonadora, paradojal y más filosófica que lo es en general la de los poetas. La estética de su arte le preocupaba mucho y todo lo que realizaba estaba previamente sometido a un plan, pero también se dejaba arrastrar por sus impulsos.... En 1857, apareció su único volumen en verso, *Las flores del mal* que suscitó un resonante proceso. Apaciguado el escándalo, se reconoció que Baudelaire había producido una obra original, de un sabor desconocido, lo más difícil que puede conseguir un escritor, sobre todo, un poeta. Aunque *Las flores del mal* son de intención y estilo romántico no hay ninguna ligazón entre su autor y los grandes maestros de esta escuela. Su verso conciso, de estructura refinada y sabia, a la primera lectura presenta una aparencia de dificuldad, de oscuridad. Esto no procede de un defecto del autor, sino de la misma novedad de las cosas que expresa, que nunca habían sido dichas por medios literarios. Para conseguirlo, el poeta ha tenido que componerse un idioma y una paleta.... ¿Y el amor? ...Siempre tiende los brazos hacia una ideal Beatriz.... Lo más seguro es ver, en este amor ideal, el impulso de un corazón sediento de lo absoluto. ... Pero son *Las flores del mal* las que hacen de Baude-

1952, Ricardo Gullón

laire un gran maestro cuya influencia ha sido considerable, que algunos colocan en el más alto nivel.... No basta elogiar su extraordinaria riqueza de imágenes, la sobriedad de su expresion, la intensidad de su sentir, su alta concepción del arte la originalidad cautivadora de su música verbal. Todo esto atrae irresistiblemente, a pesar de los excesos de una sensibilidad enfermiza, de una tendencia demasiado acentuada hacia lo raro, de un realismo a veces demasiado crudo (423-424).

(21) 1950, Federico Carlos Sáinz de Robles, *Ensayo de un diccionario de la literatura*, Tomo III, *Escritores extranjeros* (Madrid, Aguilar).
[Federico Carlos Sáinz de Robles (b. 1899) is a lawyer and the archivist of his native city, Madrid. Historian and literary critic, he is a prolific writer who has published about forty volumes.]

Baudelaire, Charles Pierre. Famoso poeta francés.... Uno de los maestros de la escuela parnasiana.... Vivió como un dandí entregado al vicio y arruinando su salud. Tradujo maravillosamente a Poe. La publicación de *Las flores del mal*—1857—provocó un escándalo y un proceso. La poesía de Baudelaire tiene un arranque romántico, un alcance simbólico y una perfección y una grandeza clásicas. En ella asombran el renovado léxico, la magia de los vocablos, la sensibilidad prodigiosa para el color, el tacto y el perfume; la hondura de las imágenes el poder de sugestión, la belleza insuperable del conjunto. Puede afirmarse que el modernismo poético arranca de *Las flores del mal*, de temas atrevidos y extraños, pero llenos de verdad y de ilusión (133-134).

(22) 1952, Ricardo Gullón, "Aspectos de *Clarín*," *Archivum*, Universidad de Oviedo.

La Revue des Deux Mondes... era uno de los canales por donde Alas recibía información de Europa. Los libros de sus autores favoritos...las obras de que se hablaba en Francia.... A esa vasta curiosidad debemos páginas como las dedicadas a Baudelaire, demostrativas de un espíritu inmerso en el tiempo histórico y curioso de las ideas y las técnicas poéticas que en París se discutían (184).

(23) 1953, Juan Ramón Jiménez, *El Modernismo*, notas de un curso (México, Aguilar, 1962).

Baudelaire, Mallarmé, ambos profesores de inglés. (Editor's note: Baudelaire vivió en Inglaterra y tradujo al francés los Cuentos de Edgar Poe.) (68) [Baudelaire was never an English professor and never went to England.]...Los escritores más importantes estaban en París. Baudelaire [fué] padre [de] tres corrientes: Mallarmé, lo intelectual; Verlaine, sentimentalismo; Rimbaud, lo "bizarre" (84).... [Jiménez, speaking of the 19th century and contemporary poets, says:] Los poetas [fueron] muy influídos por Baudelaire [que es], según Gide "el poeta francés más grande." (Editor's note: André Gide, opinando acerca de quién era el poeta francés más importante, dijo: "Hugo, hélas!") (100). ... En el romanticismo ya había habido dos poetas parnasianos: Alfredo de Vigny y el último Hugo. Baudelaire era romántico, parnasiano y simbolista combinados. Romanticismo dominado. Simbolismo, romanticismo exquisito (103).... Baudelaire tuvo su gran éxito cuando se discutieron sus poemas condenados en los tribunales (109).... Oponen a Víctor Hugo, Baudelaire. Cuando Baudelaire publica *Las flores del mal*—como siempre con los jóvenes—los viejos se dejan influir. Víctor Hugo dijo a Baudelaire: "Ustedes están haciendo lo que nosotros habíamos dejado de hacer." La exigencia formal tiene el inconveniente de que hay quienes se dedican al juego de la forma y la dejan sin contenido (149).... Cuando Víctor Hugo conoce a Baudelaire, quien es en realidad un parnasiano que viene del romanticismo. De-

1953, Juan Ramón Jiménez

dica *Las flores del mal* a Gautier, "maestro impecable." La idea de Baudelaire, renovación después del romanticismo. Hugo le dice que está haciendo todo lo que él no llegó a hacer: un "frisson nouveau."... Baudelaire tiene tres aspectos: los barrios, lo sentimental, Verlaine; lo "bizarre," lo extrano, Rimbaud.... En Baudelaire el paso de lo preciso a lo impreciso, del parnasianismo al simbolismo (174–175).... Parnasianos grandes antes de los grandes simbolistas. Simbolistas empiezan con Baudelaire, Mallarmé, Rimbaud, Verlaine (178).... [Los poetas] se llamaban simbolistas y luego los criticos más exagerados les llamaban decadentes a algunos de ellos. Baudelaire, por ejemplo, como escribió sus *Flores del mal*, era un decadente.... Verlaine.... Claro, eran decadentes. ¿Quién lo duda? Pero la poesía no era, no era decadente; ellos eran decadentes; es una cosa diferente.... Baudelaire hoy, ese gran decadente, pues es el maestro de toda la poesía contemporánea en todo el mundo, uno de los maestros, con Poe (201–204).... Pero el hecho es que los escritores más importantes de ese movimiento [el simbolismo] estaban en París. Los escritores más importantes, después de Baudelaire, muerto Baudelaire, fueron Mallarmé, Verlaine y Rimbaud que eran tres discípulos de Baudelaire. Rimbaud tomó la parte que llaman los franceses "bizarre," un poco escabrosa; Verlaine tomó el sentimentalismo; Mallarmé tomó lo intelectual. Como Poe, Baudelaire era un poeta intelectual y un poeta sentimental al mismo tiempo (216).... El ensayo famoso de *Clarín* en ese momento, sobre Baudelaire, importante ensayo, no solamente por la calidad del escritor (Clarín era uno de los grandes prosistas españoles de esa época), sino porque se hablara en España ya de Baudelaire en aquel momento; es decir, todavía a fines del siglo xix, cuando en Francia casi nadie hablaba de Baudelaire más que para hablar mal de él. Brunetière hablaba muy mal; Anatole France hablaba mal de Baudelaire; pues, en cambio, *Clarín* habló bien. Yo recuerdo que cuando yo leí ese artículo de Clarín, al momento yo pedí Baudelaire, que me mandaran las obras de Baudelaire a mi librería de Madrid (234–235).

(24) 1953, J.M. Martínez Cachero, "Algunas referencias sobre el antimodernismo español," *Archivum*, Universidad de Oviedo.

...Alas leyó y comentó con generosa comprensión la obra de Baudelaire [Footnote: (*Mezclilla*, pp. 55–98)] admitiendo como legítimo derecho del poeta la búsqueda de *asuntos nuevos y formas nuevas;* pero en otros párrafos del mismo extenso artículo protesta contra los *extravíos* de los simbolistas y desea que no se confundan "las *Flores del mal* con las *flores de trapo* que algunos nos quieren hacer tomar por el colmo del arte de los jardines poéticos" (314).

(25) 1954, Luis Guarner, *Charles Baudelaire, Poesías* (Barcelona, Fama, 1954).
[Luis Guarner (b. 1902) is a professor of language and literature. He has written poetry in Spanish and is perhaps the best contemporary poet in his native Valencian. Guarner has published excellent Spanish translations in verse of Verlaine, Musset, Hugo, and Heine.]

Mis traducciones...constituyen...una continuidad de admiración por aquel poeta que por el dolor logró la eternidad, y para el que no se apaga el fuego de la gloria, como reconoce, con auténtica intuición poética, Paul Valery al asegurar que "Baudelaire está en el cenit de su gloria." Y basta echar una ojeada sobre cualquier bibliografía para ver como los más altos ingenios, los más representativos escritores de todas las épocas, siguen consagrando estudios y libros enteros a aquel poeta indómito y solitario que les ocupa—y preocupa—tan intensamente por su vida desgraciada y su obra excepcional, que pretenden entroncar con el movimiento literario que cada uno representa, porque Baudelaire tiene la cualidad, aun después de desaparecido y por la gracia de un solo libro, de no dejar indiferente a quienes se enfrentan con él. Se le puede admirar hasta la idolatría o combatir hasta el insulto; su figura literaria atrae con obsesión o repele con odio. Así puede verse como las más excelsas plumas se han fatigado hablando de él, desde que Víctor Hugo dijo—sin admirarle por supuesto—que Baudelaire había creado un escalofrío nuevo en la literatura de Francia. Le combatieron y le admiraron los románticos, los parnasianos, los simbolistas y los naturalistas, porque todos vieron en el poeta un maestro que domina su escuela y la supera en seguida. La lista sería interminable.... Admirándole o combatiéndole—que es forma negativa de admiración—todos le hacen iniciador de su credo literario. Pero el Poeta, único y él, continúa irreductible, como sonriendo, entre las llamas de su infierno, con la desdeñosa mueca de sus labios sarcásticos.... Y sobre todas estas encontradas opiniones, por encima de ditirambos y de nosotros, siempre estará la obra del Poeta, serena y eterna ya, porque es genial, porque supo llegar a descubrir los más profundos misterios del corazón humano en las mismas raíces de las pasiones de los hombres, para contarlas con voces de alma atormentada que, porque ha conocido la vida, sabe despreciar, con la náusea del hastío infinito, la carne de la vida que no puede amar porque su espíritu, superior a esa carne, puede llegar, por el dolor purificado, hasta los mismos pies de Dios, a los que toca por el milagro de su sensibilidad hiperestesiada. Y estos elementos de la vida, tan distintos y aún contradictorios entre sí, supo el poeta tejerlos en su obra como los distintos hilos de un solo tapiz, que junta y confunde en su trenzado hilos de seda suave y pura con otros groseros de cáñamo, duros y fuertes, logrando contrastes en que se funde lo excelso y lo execrable, lo glorioso y lo grosero, juntando los ornamentos más delicados con la jerga basta de lo más desgarrado y áspero; los más refinados elementos se mezclan con las bestialidades más salvajes y desde el más perfumado boudoir desciende al más infecto *cabaret*, como dijo gráficamente Teófilo Gautier (13–15).

(26) 1954, abril, José María Lladó, *Baudelaire, sus mejores poesías,* adaptación (Barcelona, Bruguera, 1954).

[The preface of this book contains a five page biography of Baudelaire in which Lladó speaks of four of the women in the poet's life: Louchette, Jeanne Duval, Mme Sabatier, and Berthe. He does not mention Marie Daubrun.] Toda su vida—digna de piedad—se nos aparece como una titánica lucha, que no es más que el esfuerzo que por adaptarse hacen los inadaptables. De sus experiencias nació en él un desprecio profundo hacia la vida y los hombres, una nostalgia del bien que se empeñó en encontrar a través de los caminos del mal. Baudelaire, primero de los poetas modernos, no ha dejado de admirar a la posteridad por la mágica luz con que descubre nuestros secretos más profundos. Sus versos tienen una melodía que lleva del terreno de la realidad al de los recuerdos y los sueños, pero realizando el milagro de no salirse nunca de ésta.... Su obra ha sido discutidísima y ha merecido las más contradictorias opiniones. Cuando, en junio de 1857, aparecieron "Las flores del mal," el crítico Gustavo Bourdin dijo de esta obra que era "un hospital abierto a todas las demencias del espíritu, a todas las podredumbres del corazon." Algunos de sus poemas han merecido el nombre de "poemas condenados" y raras son las ediciones en que se incluyen. Nosotros no podemos ni debemos juzgar su obra—sólo una parte de la cual está recogida aquí—pero es cierto que ningún amante de la poesía debe ignorarla. La selección ha sido hecha con arreglo a un rígido criterio de moralidad, no cabiéndonos duda, no obstante, de haber recogido lo más representativo de su talento (12–13).

(27) 1955, abril, Dr. Leopoldo Cortejoso, *El Poeta y su secreto—Psicopatología de la lírica romántica* (Madrid-Valladolid, Sever-Cuesta, 1955).
[Leopoldo Cortejoso (b. 1902) is a medical doctor. He is Director of the State Sanatorium for the Cure and Prevention of Tuberculosis.]

BAUDELAIRE EN SU VOLCAN.—¡Cuánto se ha escrito sobre Carlos Baudelaire y cuánto se ha podido especular sobre su obra, violenta, desgarrada, depravada y morbosa! Todos los adjetivos condenatorios, todas las maldiciones deliberadas han caído sobre él. Y todo por no colocarse en la postura razonable, en la única postura humanamente admisible que es la del juez que se enfrenta a un inocente por la sencilla razón de que es irresponsable (155).... ¿Hubiera elaborado Baudelaire *Las Flores del Mal,* esa confesión autobiográfica romántica y dolorosa, si no se hubiera sentido atormentado por íntimas miserias que pugnaban por salir a la superficie? (156) ... A pasar de su fanfarronería en materia amorosa, de su hundimiento en toda clase de vicios y excesos, Baudelaire es un enfermo de timidez. Tímido por falta de confianza en sí mismo y, sobre todo, por falta de confianza en su capacidad sexual (158–159).... [Baudelaire] es, por tanto, un enfermo psíquico; mas por sí esto fuera poco, en uno de esos lupanares que él frecuenta conoce a una judía, Sarah "la bisojita," que le hace el regalo inevitable de una infección sifilítica (159).... En suma: no hay que ahondar mucho para descubrir en Baudelaire a un psicópata, y no es preciso tampoco echar mano de la toxicomanía para explicarnos cumplidamente las anormalidades del temperamento y del carácter (160).... De acuerdo respecto a que Baudelaire no debió buscar voluptuosidad en las drogas más que de un modo esporádico y accidental (161).... [Baudelaire] no fué un loco, en el sentido vulgar de la palabra, Fué un desventurado que cayó en las redes de la sífilis como antes cayera en la ignominia de un amor inconfesable. Lo demás, ¿que importa? Dios acabó quitándole el don de la palabra para que no volviese a mentir y el de la inteligencia para que no volviese a soñar. Y así, sin palabras ni pensamientos, se quedó frió para siempre—convertido en símbolo—cuando en la tierra comenzaba a cantar victoria, lo mismo que un dios pagano, el fruto de las vides (168).

(28) 1956, Gonzalo Torrente Ballester, *Panorama de la literatura española contemporánea* (Madrid, Guadarrama, 1956).

[Gonzalo Torrente Ballester (b. 1910) is an instructor of general history at the Naval Academy in Madrid. He is also a journalist and literary critic.]

Juan Valera. En otra ocasión, [Valera] alarde máximo de familiaridad con lo francés, ensarta la siguiente retahila de nombres: Víctor Hugo [Then come the names of seven other French poets and finally that of Sully Prudhomme] más abajo son Baudelaire y Rollinat los citados. Ya hemos visto, finalmente, que por lo menos de nombre, conocía a simbolistas, decadentes, modernistas y estetas. Da, sin embargo, la impresión de que, si los había leído a todos, o no fué exacto su conocimiento, o sus juicios no coinciden con los nuestros. No es de extrañar su repulsa de los novelistas naturalistas; por incompatibilidad doctrinal; pero cuando, en la misma *suite*, empareja a Musset con Bèranger [*sic*], o a Baudelaire con Rollinat, demuestra ser sólo un mediano catador de jerarquías. Para él, la lista encabezada por Víctor Hugo y terminada en Sully Prudhomme, está toda ella compuesta de "ilustres poetas," como jamás los tuvo Francia; Baudelaire, con Richepin y Rollinat son sólo cultivadores de la "*blague* triste, de la *pose* pesada," sin establecer entre ellos diferencia ni categoría. [Footnote: ("Creo que me decidiré, en uno o dos artículos de los *Apuntes*, a tratar de Baudelaire, de Rollinat y de otros poetas endiablados o energúmenos," escribe en 1886, a Menéndez y Pelayo.)] Los ve, a los unos y a los otros, como conjunto; advierte el fenómeno, pero no las diferencias e individuales (46).

Clarín. Igual que la Pardo Bazán, y frente al tradicionalismo de Menéndez y Pelayo y de Valera, "Clarín" advierte y proclama la *temporalidad* de la obra de arte, su vinculación profunda a la época en que se realiza. Su ensayo sobre Baudelaire, es un intento de explicar y juzgar, con arreglo a este criterio, la obra de un poeta del que no gustaba y por el que no sentía admiración (87).

[Marcelino Menéndez y Pelayo (1856–1912) was a philosopher and literary critic and one of the great scholars of the nineteenth century. He was Professor of Spanish literature at the University of Madrid from 1878 to 1898. In the latter year he became National Librarian, in which post he served until his death. Menéndez y Pelayo knew all the major European languages and literatures as well as classical languages and literatures. As a critic he was an exponent of historical literary criticism. He was a very staunch Catholic. An extremely prolific writer, his complete works fill sixty-four volumes.]

Menéndez y Pelayo. Conocida es su incomprensión de Sthendal [*sic*]. Su opinión de Baudelaire debía de ser semejante a la de Valera, pues aunque no trató nunca de su poesía críticamente, las menciones que del poeta hace no permiten atribuirle estimación alguna, y menos comprensión. Baudelaire y su escuela, y toda la vena lírica que de él parte, al igual que el gongorismo, son fenómenos a los que Menéndez y Pelayo rechazaba en nombre del *buen gusto.* Tampoco parece haber captado las diferencias jerárquicas entre los poetas de dicha escuela, como lo prueba el que, en su proyecto de continuación de *Las ideas estéticas,* juntase bajo un solo epígrafe, y al igual que Valera, a Baudelaire y a Rollinat (106)... . Ahora bien: para entender las relaciones de Menéndez y Pelayo con los escritores de la generación posterior—que es nuestro propósito—es muy interesante hacer notar que no todos los críticos de su tiempo le acompañaron en la incomprensión. Nos parece que el naturalismo y la poesía de Baudelaire son dos piezas-clave, dos piedras de toque para el crítico de su tiempo. Quien no haya captado su importancia relativa, se ha asegurado la esterilidad en relación con las generaciones siguientes. Menéndez y Pelayo, apoyándose en una estética irreprochable, aunque abstracta y ahistórica, destacó caracteres y concluyó juicios con cuyo contenido la posterioridad, en general, se manifiesta de completo acuerdo. No vió, en cambio, que toda la novelística europea había de partir del naturalismo, aun en aquellos casos en que el repudio era más absoluto. Asombra, verbigracia, la ligereza con que juzga a Flaubert (más concretamente, a *Madame de Bovary* [sic].) Pero mucho más sorprendente es su ceguera frente al fenómeno del baudelairismo, en el que podía haber hallado tantas características de arte puro, y cuya fertilidad para la poesía posterior no llegó a adivinar. Alguna vez elogia a Pöe, pero no advierte que Baudelaire representa en las letras francesas buena parte de su pensamiento estético, interpretado con superior capacidad poética. Elogia a los grandes maestros románticos, pero no advierte que Baudelaire significa, precisamente, la reacción *romántica* contra el romanticismo. Por último: las primeras menciones de la poesía decadente-simbolista, a cargo de Moréas, acontecen al mismo tiempo que los furores de Menéndez y Pelayo contra el naturalismo, pero no acierta a percibir en los balbuceos de dicha escuela la acertada reacción contra Zola y la suya (109–110). [Dr. Torrente Ballester is correct in criticizing both Valera and Menéndez y Pelayo for putting Baudelaire and Rollinat in the same category. It certainly shows a lack of literary acumen on the part of both of these critics. Rollinat was but a pale reflection of his model, Baudelaire. As for Dr. Torrente Ballester's assertion that Menéndez y Pelayo did not understand Baudelaire, it is interesting to note the opinions of other critics on this question. Their comments are contained in the two quotations which follow.]

(29) 1960, Emiliano Díez-Echarri y José María Roca Franquesa, *Historia de la literatura española e hispanoamericana* (Madrid, Aguilar, 1960).

Menéndez y Pelayo. Se le ha tachado de incomprensión ante los problemas contemporáneos. Se ha dicho que no llegó a entender a poetas como Verlaine y Baudelaire en el exterior y a espíritus como los de la generación del 98 entre nosotros. Acaso el reproche tenga fundamento. Sin embargo, ha de tenerse en cuenta que nunca Menéndez y Pelayo se propuso enjuiciar a esos autores; conocía muy bien el riesgo que entraña una crítica realizada sobre el momento actual, sin la debida perspectiva histórica.... Téngase en cuenta que los juicios formulados por él sobre obras y autores de las últimas promociones son esporádicos y de pasada, no el resultado de un estudio a fondo, como los que él solía realizar. Sus pesquisas e indagaciones se detuvieron deliberadamente en la novela naturalista: Galdós, Pereda, la Pardo Bazán. Más hacia acá no quiso venir. De haberlo hecho y haberse propuesto ahondar en la poesía simbolista y modernista, como hizo, por ejemplo, en la del romanticismo francés, en el tomo v de las *Ideas estéticas,* es casi seguro que sus juicios habrían sido distintos (1165).

(30) 1965, Emilio González López, *Historia de la literatura española—La edad moderna* (New York, Las Americas). [Emilio González López is Professor of Spanish at Hunter College of the City University of New York.]

Dámaso Alonso, en *Menéndez Pelayo, crítico literario,* y Gerardo Diego, en *Menéndez Pelayo y la historia de la poesía española,* han destacado esas limitaciones de su crítica, que le llevó a no comprender la obra de Góngora, en la poesía del Siglo de Oro, y la de Baudelaire, y en parte la de Bécquer, en la poesía del siglo XIX (699).

(31) 1956, Guillermo Díaz-Plaja, *El Reverso de la belleza* (Barcelona, Barna, 1956).
[Guillermo Díaz Plaja (b. 1909) is a literary critic, historian, and essayist, who has published a great number of books.]

Sobre el uso de la voz "Belleza"—y el desuso de la voz "Hermosura"—en los poetas del Modernismo creo que no cabe duda. La consciencia esteticista de esta escuela se transparenta en sus prólogos y en sus manifiestos.... La letanía baudelairiana,

> Tout n'est qu'ordre et que [sic] beauté
> luxe, [sic] calma [sic] et volupté,

es en cierto modo definitoria de toda una estética, sin olvidar el sentido "físico" del "thing of beauty" de Keats, restaurado por el Modernismo (23).

(32) 1957, noviembre, Jesús Cantera, Reseña: *Baudelaire devant ses contemporains*, por W.T. Bandy y Claude Pichois (Monaco, du Rocher, 1957), *Arbor*.

Con harta frequencia la poesía de Baudelaire es una mórbida exposición de la perversidad y revela una afición desordenada a lo macabro (328).

(33) 1957, diciembre, Ricardo Gullón, Reseña de *Baudelaire devant ses contemporains* por W.T. Bandy y Claude Pichois, *Insula*.

Entre los méritos de *Baudelaire ante sus contemporáneos* no es el menor su aportación a la necesaria y urgente tarea de mostrar cómo, por una cadena de anécdotas dudosas, afirmaciones malévolas, exageraciones y puras falsedades se tejió en torno al poeta una leyenda que es preciso aclarar. Fué Baudelaire harto aficionado a la mixtificación, en parte para impresionar y ahuyentar al burgués, pero, entre mixtificaciones y contramixtificaciones, su verdadero ser fué sustituido por una imagen arbitraria cuya sombra planea sobre la poesía y es causa de caprichosas interpretaciones; pues aún y sin duda durante mucho tiempo seguirá ocurriendo así, son bastantes los incapaces de leerla sin proyectar sobre cada línea los ecos de una leyenda que apenas refleja la realidad del alma a quien se refiere (3).

(34) 1957, Luis Cernuda, *Estudios sobre poesía española contemporánea* (Madrid, Guadarrama).

Es curioso: la mejor poesía francesa del siglo pasado (Nerval, Baudelaire, Mallarmé, Rimbaud) no interesó a los modernistas y la dejan a un lado; si algunos de estos grandes nombres les acuden bajo la pluma sólo es como "rareza" literaria. Así, pues, resulta extraño que se hable todavía de las novedades importadas de Francia por el modernismo. ¿Es que Lamartine, Hugo, Musset, no habían sido leídos hasta la sociedad por nuestros románticos? (81) ... [J.R. Jiménez] señala en 1904 los nombres de sus poetas preferidos.... A Baudelaire, uno de los mayores poetas modernos, y no solo de Francia, no lo menciona (124).... Salinas... hablando de Baudelaire en cierta ocasión a quien esto escribe, observó lo "moderno" de sus accesorios y de sus fondos poéticos. Pero si la observación era justa, porque Baudelaire fué en efecto el primer poeta de la vida moderna, Salinas no supo adaptar el procedimiento a sus propósitos, resultando así su modernidad externa y ficticia. El secreto de ello, como escribe T.S. Eliot, estudiando precisamente la obra de Baudelaire, es que la modernidad "no consiste sólo en el uso de la imaginéria de la vida sórdida en una gran metrópolis, sino en la elevación de esa imaginería a la intensidad primera, presentándola tal como es, y, sin embargo, haciendo que represente mucho más de lo que es" (202–203).

Conclusion

When the *Fleurs du mal* was published in France in 1857 it genuinely shocked some people. Indeed six of the poems were condemned by a French court that same year. It was inevitable that when the poems became widely known in Spain they would provoke a similar reaction and inspire hostile criticism. The way for such criticism had already been paved by Théophile Gautier with his *Notice* to the *Fleurs du mal*. Everyone who read the poems, read them in the context of Gautier's essay. In his *Notice* Gautier sang the praises of decadence and of Baudelaire as a decadent poet and lover of the artificial. But the word "decadent" was used quite loosely in Spain. In the latter part of the nineteenth century and well into the twentieth *decadent* was for some critics a term of opprobrium; some may have equated it with *immoral*. In using the word with a pejorative intent a critic could salve his conscience with the thought that Gautier had applied the same epithet to Baudelaire.

Although the *Fleurs du mal* was published in 1857, there was no critical writing about it in Spain until the 1880s. The reason for this is that the only Spanish critic in the fifties and sixties was Valera. Important critics, such as Clarín, Pardo Bazán, and Menéndez y Pelayo, did not appear until later in the century. Valera himself did not see fit to comment on Baudelaire until the late 1880s, when he bitterly attacked the French poet. His criticism as well as that of his contemporaries should be judged against the background of the late nineteenth century.

Valera's criticism of the *Fleurs du mal* was based mainly on the satanic poems, which constitute only a small part of the volume. This fact in itself makes it quite obvious that the author of *Pepita Jiménez* was prejudiced against Baudelaire and unfair in his criticism. Indeed there is even some evidence to indicate that he did not read all of the *Fleurs du mal*. After quoting "Au lecteur," the first poem in Baudelaire's volume, Valera states: "La verdad es que trescientas páginas de versos llenos de tales maldiciones...." Anyone who reads the three hundred pages, even in a cursory manner, realizes that most of

Conclusion

the *Fleurs du mal* does not resemble "Au lecteur" in content. Valera condemned Baudelaire also for the poem "Un Voyage à Cythère," which he misquoted badly. One wonders if he read the poem or merely heard its content related at a *tertulia* or over a cup of coffee in a café. If he read the poem in its entirety he was evidently not impressed by the two concluding verses, which Agustín Esclasans saw fit to quote because of their profoundly Catholic sentiment: "¡Oh! ¡Señor! ¡Concédeme la fuerza y el ánimo necesarios para contemplar sin repugnancia mi corazón y mi cuerpo!" Valera likewise did not mention in his rather extensive criticism of Baudelaire "Châtiment de l'orgueil" or "L'Imprévu," two poems which are deeply Catholic in inspiration, nor two others, "Que diras-tu ce soir. . . ." and "L'Aube spirituelle," for example, which are of a highly spiritual nature. It is curious that even after the turn of the century when critics had become aware of Baudelaire's Catholicism, they did not speak of these and other poems like them.

Valera's violent antipathy to Baudelaire was shared by another critic, Max Nordau. Although he was not a Spaniard he wielded considerable influence in Spain and in other European countries as well. Some of his comments on Baudelaire are given in Chapter I, together with unflattering citations about Nordau from two great Spanish writers who ridiculed him. This ridicule may have weakened Nordau's influence but it did not put an end to it. Nor was Nordau the only foreign critic to help turn Spanish opinion against Baudelaire. Hostile French writers, notably the dogmatic critic Brunetière, inclined some Spanish critics toward an unfavorable opinion of the great French poet.

Not all of the Spanish criticism of Baudelaire in Valera's time was adverse. There were writers who appreciated the beauty of the *Fleurs du mal*. Most important of this group were Azorín and Clarín. Azorín's comments are not very extensive but Clarín wrote at length about Baudelaire. Most of his articles were occasioned by a savage attack on Baudelaire by Brunetière. Clarín accused Brunetière of being biased and

Conclusion

unfair. Much of his severe criticism of the French professor is also applicable to Valera. Clarín had a broader and fairer point of view than Brunetière. He had a better perspective of Baudelaire's satanic poems, for example, because he was aware that there were other poems of an entirely different nature in the *Fleurs du mal*. He considered the poems to be essentially metaphysical and idealistic. Clarín asserted, contrary to the opinion of some critics, both French and Spanish, that Baudelaire did not portray himself in his poems as he really was. He declared that the *Fleurs du mal* should be judged by its intrinsic value as a work of art and that those who study only the social and moral consequences of Baudelaire's affirmations leave aside the question of the literary merit of the poems. Clarín evidently did not share Valera's opinion that the *Fleurs du mal* was immoral.

Valera's harsh criticism of Baudelaire was motivated, as we have seen, by esthetic, not moral, considerations. However, he did focus attention on the question of the morality of the *Fleurs du mal*. The morality of literary works is, of course, a legitimate concern of critics. This issue is of particular importance to Spaniards, who are a profoundly Catholic people. There are some who are puritanical in their attitude toward literature. *Puritanical* is scarcely the word to use with reference to a Catholic country but its meaning is precise; *narrow-minded*, although less accurate, would perhaps be a more appropriate epithet. Valera's criticism of Baudelaire undoubtedly prevented some Spaniards from appreciating the beauty of the *Fleurs du mal* and prejudiced them against the French poet. But Valera's influence waned although, after his death in 1905, it continued to some extent for a good number of years. Since the first few years of the twentieth century critics have paid less and less attention to the question of the morality of the *Fleurs du mal*. After all, the poems were never on the *Index librorum prohibitorum*. Moreover, in 1949, a French court reversed the court decision of 1857, which condemned six of the *Fleurs du mal*: "La Cour ... casse et annule le jugement rendu le 20 août 1857 par la 6ᵉ Chambre du Tribunal Correctionnel de

Conclusion

la Seine en ce qu'il a condamné Baudelaire... pour outrage à la morale publique et aux bonnes moeurs—Décharge leur mémoire de la condamnation prononcée."[1]

Spanish critics in the nineteenth century, with the exception of Clarín, apparently based their opinions of Baudelaire solely on the *Fleurs du mal*. This practice apparently continued with most writers until the 1920s. As a result much criticism in this period is merely a repetition of what had been said by Valera and others. And there is the usual retelling of anecdotes from Baudelairiana, which can scarcely be called literary criticism.

However, about 1910, Pardo Bazán published an article on Baudelaire which was based on a more extensive knowledge of the poet's work than a mere familiarity with the *Fleurs du mal*. She stated that she had read the French poet's *Correspondance*, which is an invaluable document for understanding him. Evidently she had also read his *Journaux intimes*. Consequently she did not write a reworked version of other Spanish critics but showed originality in her thinking. Pardo Bazán observed that the inspiration of the *Fleurs du mal* lies in a Catholic conception of the world. She was not shocked by "Les Litanies de Satan" since belief in the Devil was, in her opinion, proof of a belief in God. She realized what an important place the doctrine of original sin occupied in Baudelaire's thinking and perceived in his poems his aspirations toward purity.

There were other writers in addition to Pardo Bazán whose comments reflect a knowledge of more of Baudelaire's works than the *Fleurs du mal*. This was true in the 1920s and to a greater extent in the 1930s. These writers had a better perspective of Baudelaire than their predecessors and their criticism of the *Fleurs du mal* is more intelligent and more valid. Moreover, they took a different view of Baudelaire as a man. They did not see him as a great sinner, one who trafficked with the Devil; they saw him rather as a Christian who felt a

1. Pierre Flottes, "Les Deux Procès des *Fleurs du mal*," *Revue des Sciences Humaines*, Janvier-mars, 1957 (107–108).

Conclusion

nostalgia for a lost Paradise, a poet with a vast intelligence who suffered from an incurable ennui, a seeker of the infinite.

In the years following the civil war Spanish criticism of Baudelaire was almost entirely very favorable; such unfavorable criticism as there was is of small importance. Writers realized that Baudelaire was indeed one of the world's great poets, a figure whose influence on world literature had been and still was enormous. This judgment marked the end of a long and gradual evolution of Spanish opinion. There had been a similar evolution of French critical thought but it was of a shorter duration. Spanish opinion of Baudelaire may have been influenced to some extent by the vast amount of critical material on the poet that had been published in France and elsewhere. In any event Spanish criticism after the civil war shows a real understanding of Baudelaire and his work.

It is not surprising that it took many years for Baudelaire's genius to be generally recognized in Spain. There, as in France, public opinion was influenced by unfavorable criticism of the author of the *Fleurs du mal*. This adverse criticism had two causes. First, in the nineteenth century and the first decade or two of the twentieth some Spanish writers did not fully appreciate Baudelaire's poetry. This is understandable because the *Fleurs du mal* was for them a new kind of poetry, new, because Baudelaire had restored to the word its evocatory power. The second cause of unfavorable criticism was the belief of some writers that the *Fleurs du mal* was immoral. The post-civil war critics disregarded this question, very probably because they could not see that such an issue even existed. They were concerned with Baudelaire's philosophical ideas and judged the *Fleurs du mal* on its intrinsic value as a literary work. Consequently they gave the French poet his rightful place in literature and held him in the high esteem which he enjoys in other countries.

It is interesting to note that for the entire century covered by this study the critics who thought highly of Baudelaire and his work were writers of stature while those who condemned him were, with the exception of Valera, the lesser

Conclusion

writers, who were usually concerned with Baudelaire's private life and the morality of the *Fleurs du mal*. Perhaps they considered themselves guardians of public morals and defenders of the Faith.

A good number of the extracts in this study, particularly some from great writers, are brief. Nevertheless they are significant and complement the longer quotations so that one has a complete idea of Spanish opinion of Baudelaire from 1857 to 1957. Indeed the total amount of material assembled for this study is relatively small, considering Baudelaire's importance as a writer and his influence on world literature. How does one explain this scarcity of material? One might say that since the best Spanish writers in the second half of the nineteenth century were novelists, Spaniards had a greater interest in the French novelists than in Baudelaire; but this is speculation. What is more difficult to explain is the lack of critical interest in Baudelaire in the first decades of the twentieth century, which witnessed a splendid revival of Spanish poetry. Yet in the critical works of these poets there is almost nothing about Baudelaire. For example, there is only one reference to the French poet by García Lorca, A. Machado, Salinas, and Alberti; two references by Cernuda and fragmentary notes for a lecture by J. R. Jiménez. These references are brief but in spite of their brevity it is evident that their authors were thoroughly familiar with Baudelaire's works. These poets simply did not choose to write about him.

Perhaps the only explanation for the small amount of critical writing on Baudelaire in the entire period 1857–1957 is to be found in traditional Spanish insularity, in the greater interest Spaniards had in writing about their own authors, and chiefly about the contemporary ones.

Bibliography

Alamo, Juan del. *Historia de la literatura francesa.* 3 vols. Madrid, 1944.

Alas, Leopoldo. "Baudelaire," *La Ilustración Ibérica.* Barcelona, July 23, pp. 471, 474, August 13, pp. 518–519, September 17, pp. 599–602, September 24, p. 622, October 22, pp. 679, 682–683, November 5, pp. 710–711, November 26, pp. 762–763, 1887. These seven articles were republished as a chapter of *Mezclilla.* Madrid: Fernando Fe, 1889.

———. *Apolo en Pafos.* Madrid: Fernando Fe, 1887.

———. "Pequeños poemas en prosa," *La Ilustración Española y Americana.* April 15, 1888, pp. 246–247.

———. *Mis plagios.* Madrid: Fernando Fe, 1888.

———. "Paul Verlaine," *La Ilustración Española y Americana.* September 30, pp. 191, 194, October 8, pp. 214–215, 1897.

Anónimo. Reseña de *Las flores de mal*, traducción por Eduardo Marquina. Madrid: Fernando Fe, 1905, *Revista contemporánea.* February, 1907, pp. 248–249.

Araujo, Fernando. "Los Críticos franceses," *La España moderna.* January, 1903, pp. 194–207.

———. "Poetas de aurora y de crepúsculo," *La España moderna.* August, 1907, pp. 189–198.

———. "Pablo Verlaine," *La España moderna.* May, 1908, pp. 172–203.

Araujo Costa, Luis. *El escritor y la literatura.* Madrid, 1917.

———. *El arte, la literatura y el público.* Madrid, 1920.

———. *Francia, el noble país.* Barcelona: Bloud y Gay, 1924.

Asselineau, Charles. "Appendice," *Oeuvres complètes de Charles Baudelaire.* Vol. I. Paris: Lévy, 1869.

Azorín. See Martínez Ruiz, José.

Barbey d'Aurevilly, J. "Appendice," *Oeuvres complètes de Charles Baudelaire.* Vol. I. Paris: Lévy, 1869.

Baroja, Pío. *Obras completas.* 8 vols. Madrid: Biblioteca Nueva, 1946–1951.

Bartés, Raimundo. *Carlos Baudelaire, El joven encantador.* [Translation] Barcelona: Pallas, 1941.

Baudelaire, Charles. *Oeuvres complètes.* 7 vols. Paris: Lévy, 1868–1873.

———. "El Arte y la industria," *Los Lunes de El Imparcial.* March 9, 1896, p. 2.

———. *Les Fleurs du mal.* Paris: José Corti, 1942.

Bibliography

Böhl de Faber de Arrom, Cecilia. "La Campana del rosario," *El Pensamiento de Valencia*. Valencia, 1857, pp. 253–260.
Bonafoux, Luis. "Baudelaire," republished in *Francesas y Franceses*. Tomo primero. Paris: Ollendorf, 1914.
Caballero, Fernán. See Böhl de Faber de Arrom, Cecilia.
Candamo, Bernardo G. de. "Carta a Rubén Darío," November 14, 1906. *Cartas de Rubén Darío*. Edited by S. J. Dictino Alvarez Hernandez. Madrid: Taurus, 1963.
Cansinos Asséns, Rafael. "Francisco Villaespesa," *La Nueva Literatura*. Vol. I. 2d ed. Madrid: Paez, 1925.
Cantera, Jesús. Reseña de *Baudelaire devant ses contemporains*, W. T. Bandy et Claude Pichois, *Arbor*. November, 1957, p. 328.
Castro, Cristóbal de. "El Centenario de un poeta—Baudelaire o la paradoja," *Los Lunes de El Imparcial*. February 27, 1921, unnumbered pages.
Cernuda, Luis. *Estudios sobre poesía española contemporánea*. Madrid: Guadarrama, 1957.
———. "André Gide," *Poesia y Literatura*. Barcelona-México: Seix Barral, 1960.
Clarín. See Alas, Leopoldo.
Clavigero. "Pláticas," *Alma española*. March 6, 1904, pp. 4–6.
Cortejoso, Leopoldo. *El Poeta y su secreto—Psicopatología de la lírica romántica*. Madrid-Valladolid: Sever-Custa, 1955.
Custine, A. de. "Lettre," "Appendice," *Oeuvres complètes de Charles Baudelaire*. Vol. I. Paris: Lévy, 1869.
Deleito y Piñuela, José. "Arte y progreso," *Gente Vieja*. April 30, 1902, pp. 1–2.
———. *El Sentimiento de tristeza en la literatura contemporánea*. Barcelona: Minerva, 1922.
Díaz-Plaja, Guillermo. *El Reverso de la belleza*. Barcelona: Barna, 1956.
Díez-Canedo, Enrique. *La poesía francesa moderna*. Madrid: Renacimiento, 1913.
———. "Baudelaire y Poe," *El Sol*. November 1, 1931, p. 2.
———. *La poesía francesa del romanticismo al superrealismo*. Buenos Aires: Kraft, 1946.
———. *Pequeños poemas en prosa*. [Translation] Madrid: Calpe, 1920. 2d ed., 1935. Colección Austral. Buenos Aires: Espasa-Calpe, 1948.

———. "Los sonetos castellanos de Heredia," *Conversaciones literarias*. 1ra serie, I. México: Mortiz, 1960.

———. "Los cien años de Baudelaire," *Indice*. July 1921. Republished in *Conversaciones literarias*. 2a serie, II. México: Mortiz, 1964.

Díez-Echarri, Emiliano, in collaboration with José María Roca Franquesa. *Historia de la literatura española e hispanoamericana*. Madrid: Aguilar, 1960.

Esclasans, Agustín. *Pequeños poemas en prosa*. [Translation] Barcelona: Boronat, 1942.

———. *Mi Corazón al desnudo*. [Translation] Barcelona: Apolo, 1947.

Fernández Almagro, Melchor. *Vida y literatura de Valle-Inclán*. Madrid: Nacional, 1943.

Fishtine, Edith. *Don Juan Valera, the Critic*. Menasha, Wis.: Banta Publishing Co., 1933.

Flottes, Pierre. "Les Deux Procès des *Fleurs du Mal*," *Revue des Sciences Humaines*. Janvier-mars, 1957, pp. 101–110.

García Lorca, Federico. "La imagen póetica en Góngora," *Obras completas*. Madrid: Aguilar, 1960.

García Romo, Francisco. *Pequeños poemas en prosa*. [Translation] Madrid: Ca General de Artes Gráficas, 1931.

Gautier, Théophile. "Notice," *Oeuvres complètes de Charles Baudelaire*. Vol. I. Paris: Lévy, 1869.

Gómez de la Serna, Ramón. *Prosa escogida, por Carlos Baudelaire*. Translation and selection by Julio Gómez de la Serna. Epilogue, entitled "El desgarrado Baudelaire," is by Ramón Gómez de la Serna. Madrid: Biblioteca Nueva, 1921. Epilogue republished in *Efigies*, Madrid, 1929, 1945 and 1961.

González Blanco, Andrés. *Historia de la novela en España desde el romanticismo á nuestros días*. Madrid: Saenz de Jubera, 1909.

González Blanco, Pedro. "Alberto Samain," *Helios*. August, 1903, pp. 64–69. *Los Paraísos artificiales*. Valencia: F. Sempere y Cia., circa 1905.

González Lopez, Emilio. *Historia de la literatura española—La edad moderna*. New York: Las Americas, 1965.

González Ruano, César. *Baudelaire*. Madrid, 1931. 2d ed.; Barcelona: José Janés, 1948. 3d ed.; Madrid: Espasa Calpe, 1958.

Guarner, Luis. *Charles Baudelaire, Poesías*. Barcelona: Fama, 1954.

Guasp, Gonzalo. "Ars novus," *Gente Vieja*. June 30, 1902, pp. 2–3.

Gullón, Ricardo. "Baudelaire, Crítico de arte," *Escorial; Revista de Cultura.* (Suplemento de arte.) Autumn, 1944, pp. 31–36.
———. "Aspectos de Clarín," *Archivum:* Universidad de Oviedo, 1952, pp. 161–188.
———. Reseña de *Baudelaire devant ses contemporains* por W. T. Bandy y Claude Pichois. Monaco: du Rocher. *Insula.* December, 1957, p. 3.
Heras, D. Eusebio. *Pequeños poemas en prosa.* Barcelona: P. Ortega, 1905.
Jarnés, Benjamín. "Pedro Carlos Baudelaire," *Enciclopedia de la literatura.* Vol. I. México: Central, 1947?.
Jiménez, Juan Ramón, *El Modernismo.* Mexico: Aguilar, 1962.
Juretschke, Hans. *España ante Francia.* Madrid: Nacional, 1940.
Landa, Nicasio. *Historias extraordinarias.* 2 vols. [Translation of Poe] Madrid, 1859.
Lladó, José María. *Baudelaire. Sus mejores poesías.* Barcelona: Bruguera, 1954.
Machado, Antonio. *Juan de Mairena. Obras Completas de Manuel y Antonio Machado.* Madrid: Plenitud, 1957.
Marichalar, Antonio. "La Blusa de Baudelaire," *Revista de Occidente.* July, 1932, pp. 123–125.
Marquina, Eduardo. *Las flores del mal.* [Translation] Madrid: Fernando Fe, 1905. 2d ed., 1916, 3d ed., 1943. [Complete except for the six condemned poems]
Martínez Cachero, J. M. "Algunas referencias sobre el antimodernismo español," *Archivum.* Universidad de Oviedo, 1953, pp. 311–334.
Martínez de Pinillos, Ramón. "La Poesía de los decadentes," *La Ilustración Española y Americana.* March 15, 1914, pp. 163, 166–167.
Martínez Ruiz, José. *Anarquistas literarios.* Madrid: Fernando Fe, 1895.
———. "Baudelaire," *Alma española,* January 31, 1904, p. 3.
———. *Obras completas.* 9 vols. Madrid: Aguilar, 1947–1954.
Menéndez y Pelayo, Marcelino. See Torrente Ballester, Gonzalo. Díez-Echarri, Emiliano and Gonzalez Lopez, Emilio.
Millares, Luis y Agustín. "Baudelaire y la obsesión de la muerte," *La Ilustración Española y Americana.* April 8, 1920, pp. 206–207.
Montes, Eugenio. "Biografía de un alma en pena.—Auto de fe de

Baudelaire en España," *El Sol.* September 11, 1931, p. 2.

———. "Vida, pasión y muerte de un poeta cristiano.—Canonización de Baudelaire," *El Sol.* June 28, 1932, p. 2.

Mulder de Dauner, Elizabeth. *Carlos Baudelaire.* [Translation] Barcelona: Cervantes, 1928?.

Ortega y Gasset, José. *Obras completas.* 6 vols. Madrid: Revista de Occidente, 1950–52.

Pardo Bazán, Emilia. *Obras completas.* 43 vols. Madrid: Pérez Dubrull, 1891–1919?.

Plana, Alejandro. *Antología general de poetas líricos franceses (1391–1921)*, Traducción por Fernando Maristany. Barcelona: Cervantes, 1921. [Foreword to the section on Baudelaire is by Plana.]

Reyes, Rafael. *Historia sucinta de la literatura francesa por los textos.* Madrid, 1934.

———. *La Literatura francesa ilustrada con textos.* 2 vols. Madrid, 1935. 2d ed., 1936. 3d ed., 1952.

Rosa Franquesa, José María. See Díez-Echarri, Emiliano.

Sainte-Beuve, Charles Augustin. "Lettre," "Appendice," *Oeuvres complètes de Charles Baudelaire.* Vol. I. Paris: Lévy, 1869.

Sáinz de Robles, Federico Carlos. *Ensayo de un diccionario de la literatura.* Vol. III. *Escritores extranjeros.* Madrid: Aguilar, 1950.

Salazar, Adolfo. "Un Kamtschatka romantico—Baudelaire, crítico," *El Sol.* May 28, 1931, p. 2.

Salazar y Chapela, Esteban. Reseña de *Baudelaire—Mystique de l'Amour* por Jean Royère, *El Sol.* November 23, 1927, p. 2.

Salinas, Pedro. *Literatura española, siglo XX.* México, D.F.: Seneca, n.d.

Salmerón y Garcia, Nicolas. *Degeneración.* Madrid: Fernando Fe, 1902. [Translation of *Entartung* by Max Nordau.]

Santaclara, A. de. "Decadencia crítica," *Germinal.* July 23, 1897, pp. 2–3.

Seco y Marcos, Tarsicio, in collaboration with Antonio Soler Taxter. *Anthologie de Textes français des XVIII*, *XIX* et *XX* siècles. Burgos, 1935.

Soler Taxter, Antonio. See Seco y Marcos, Tarsicio.

Torrente Ballester, Gonzalo. *Panorama de la literatura española contemporánea.* Madrid: Guadarrama, 1956.

Torroella, Rafael S. "Un centenario de la crítica de arte—El del primer Salón de C. P. Baudelaire," *Revista de ideas estéticas*. October, 1945, pp. 517-531.

Unamuno, Miguel de. "Vida y Arte, al senor don Antonio Machado," *Helios*. August, 1903, pp. 46-50.

———. "Sobre la erudición y la crítica," *La España moderna*. December 1, 1905, pp. 5-26.

———. *Obras completas*. 15 vols. Madrid: Aguado, 1950-1963.

V, F. Reseña de *Morceaux choisis* de Charles Baudelaire. Seleccionados por Y.—G. Le Dantec. *El Sol*. February 13, 1930, p. 2.

Valdés, Francisco. "Todavía Baudelaire," *El Sol*. August 28, 1932, p. 2.

Valera, Juan. *Obras completas*. 3 vols. Madrid: Aguilar, 1949-1958.

Varela, Lorenzo. *Charles Baudelaire*. Selección, traducción y prólogo por Lorenzo Varela. Buenos Aires: Poseidon, 1943.

Index

Alamo, Juan del, 80
Alas, Leopoldo, 9–15, 22
Alberti, Rafael, 77
Anónimo, 34
Araujo, Fernando, 20, 34
Araujo Costa, Luis, 39–40, 41, 49–50
Artificiality: Baudelaire's love for, xiii, 53, 86
Asselineau, Charles, xiv, 6
Azorin. *See* Martínez Ruiz, José

Barbey d'Aurevilly, J., xiv
Baroja, Pío, 19–20, 40–41, 49, 69–70, 75, 78–79
Bartres, Raimundo, 76–77
Baudelaire—art critic: first art critic, 56; gives more than impression, 81; opposed professorial criticism, 82; sincere and profound, 82; artistic collaborator, 82
Baudelaire—critic: tremendous critical sense, 52; most admirable of his time, 57; perfect, 78; creative and antiprofessorial, 79
Baudelaire—the man: 12–13, 14, 47, 65; degenerate, 18; both mystic and erotomaniac, 18; loved sickness, ugliness, crime, 18; prayed to Satan, 19; surrendered to devil, 23; long martyrdom, 25; serious-minded, 45; rebel, 45; living paradox, 45; compared to Dostoevski, 49; extraordinary mental powers, 51; hypersensitive, 52; deep religiosity, 75; not insane, 93
Baudelaire—poet: decadent, xiii, 26, 27, 37, 47–48, 79, 89; satanic, 7, 13, 23, 47–48; stylist and versifier, 7; not first class, 9; metaphysical and idealistic, 13; first symbolist, 14, 38, 39, 55, 80, 84; parnassian, 18, 35, 80, 88; one of greatest, 21, 38, 53, 59, 76, 79, 84; false, grotesque, 22; inferior to Leopardi, 23; most original, 35; most lyrical, 37; mentally unbalanced, 39; poet of maturity, 46; first modern, 55, 59, 84, 92, 99; concerned with form, 68; perfected verses, 69; parnassian and symbolist, 70; hyperesthetic, 84; romantic, parnassian and symbolist combined, 88; both intellectual and sentimental, 89; unruly and solitary, 90; chief romanticists, parnassians, symbolists, naturalists, 91
Böhl de Faber de Arrom, Cecilia, ix
Bonafoux, Luis, 25–26
Brunetiere, Ferdinand: diatribe against Baudelaire, 9; mentioned, 38

Caballero, Fernan. *See* Böhl de Faber de Arrom, Cecilia
Candamo, Bernardo G. de, 28
Cansinos Asséns, Rafael, 40
Cantera, Jesus, 98
Castro, Cristobal de, 44–45

Index

Catholicism of Baudelaire: believed in devil, 36; believed in original sin, 36; conversion, 36; Catholic as the Pope, 44; real Christian, 65; profoundly Catholic, 78, 85
Cernuda, Luis, 84, 99
Clarín. *See* Alas, Leopoldo
Clavigero, 27
Cortejos, Leopoldo, 93–94
Custine, A. de, xv

Decadence: literary style of, defined, xii; sanctified by Baudelaire, 24
Deleito y Piñuela, Jose, 24, 47–48
Depravity: Baudelaire adored, 53
Díaz-Plaja, Guillermo, 98
Díez-Canedo, Enrique, 38, 40, 41, 45–46, 62–64, 83
Díez-Echarri, Emiliano, 97

El criminal dichoso: plan of novel attributed to Baudelaire, 6; nowhere in Baudelaire's works, 6n
Esclasans, Agustín, 77–78, 84–85

Fernández Almagro, Melchor, 80
Fishtine, Edith, 3

García Lorca, Federico, 68
García Romo, Francisco, 55–57
Gautier, Théophile, xii–xiv
Gómez de la Serna, Ramón, 42–44
González Blanco, Andrés, 35
González Blanco, Pedro, 26, 27
González Lopez, Emilio, 97–98
González Ruano, César, 57–59
Guarner, Luis, 90–92
Guasp, Gonzalo, 24–25
Gullón, Ricardo, 81–82, 87–88, 98–99

Heras, D. Eusebio, 27

Influence of Baudelaire: all contemporary poets indebted, 38; on naturalists, symbolists, 41; on poetry, 56, 87; on parnassians, symbolists, 69

Jarnés, Benjamin, 85–87
Jiménez, Juan Ramón, 88–90

Index

Juretschke, Hans, 75

Les Fleurs du mal: immoral, xiii; unity of, xiv; symptom of a sick generation, xv, 8; Satan's finest prayer book, 8; true poetry, 11; salutary poison, 23; Catholic inspiration, 36; eternal, 38; *L'Hymne à la Beauté,* best, 42; exalted, poisonous, bitingly ironical, 53; very mediocre, 79; metaphysical, 85; theological, 85; *Divine Comedy* of 19th century, 85; not decadent, 89; violent, licentious, depraved, morbid, 93; not understood, 95, 96, 97–98; morbid exposition of perversity, 98; critics seldom mention, 99
Lladó, José María, 92

Machado, Antonio, 70–71
Marichalar, Antonio, 65–66
Marquina, Eduardo, 27–28
Martínez Cachero, J. M., 90
Martínez Ruiz, José, 21, 26–27, 70, 75–76, 83
Martínez de Pinillos, Ramón, 39
Menéndez y Pelayo, Marcelino, 95–96, 97
Millares, Luis y Agustín, 42
Modernists: Baudelaire ancestor of, 80
Monstrosity: attracted Baudelaire, 67
Montes, Eugenio, 60–62, 64–65
Mulder de Dauner, Elizabeth, 52–53

Nature: hateful to Baudelaire, 36
Nordau, Max, 17–20

Ortega y Gasset, José, 49, 50–51, 74

Pardo Bazán, Emilia, 35–37
Petits poèmes en prose: bitterness of, 26–27; outlines of poems, 78
Plana, Alejandro, 46–47
Poe, Edgar Allan: influence on Baudelaire, 63; Baudelaire's translation of, 87
Poem in prose: Baudelaire creator of, 56
Pure poetry: Baudelaire first theorist of, 56

Reyes, Rafael, 69
Roca Franquesa, José María, 97
Rollinat, Maurice: compared to Baudelaire, 8; classed with Baudelaire, 16, 23, 95

Sainte-Beuve, Charles Augustin, xv

Index

Sáinz de Robles, Federico Carlos, 87
Salazar, Adolfo, 59–60
Salazar y Chapela, Esteban, 51–52
Salinas, Pedro, 74–75
Salmerón y García, Nicolás, 19
Santaclara, A. de, 21
Seco y Marcos, Tarsicio, 70
Soler Taxter, Antonio, 70

Torrente Ballester, Gonzalo, 94–97
Torroella, Rafael S., 82–83

Unamuno, Miguel de, 20–21, 26, 37–38, 68–69

V., F., 53–55
Valdés, Francisco, 66–68
Valera, Juan, 6–9, 16–17, 22–24
Varela, Lorenzo, 79

www.ingramcontent.com/pod-product-compliance
Lightning Source LLC
Chambersburg PA
CBHW020806160426
43192CB00006B/459